龍緣之

# 尋找動物烏托邦

跨越國界的動保前線紀實

# 一場生命思辨之旅

朱增宏
台灣動物社會研究會執行長

對動保陌生，或是剛剛接觸的讀者可將本書視為動保遊記，一本看似無心插柳，又像精心規劃的遊記。當然，好的遊記，也是一場生命思辨之旅，總是在白描之外——或是同時——又能讀到許多發人深省的思考，值得關心動保的人慢慢體會。

作為遊記，本書娓娓道來，引人好奇。不經意就有個褐色幽默，例如寫給中國國家領導人的信，郵差其實不知道如何投遞；或是China曾被戲稱為「拆哪」，影射北京的現代化「都更」對城市古建築的大量破壞；以及芬蘭官方「聖誕老人」說來訪的習近平「是個好孩子」，因為「絕大多數人不會想去傷害動物，更不會以虐待牠們為樂」，作者相信：

習近平這個「好孩子」應該也是如此吧？

作者遊歷多國，串起來的動保故事，面向極廣。有的讓人增廣見聞，例如北歐三國皮草產業研究之旅，或是關於大熊貓保護與利用的種種；也有令人怵目驚心的動物受虐畫面，出現在由佛教組織經營的護生園區；又或具體而微地說明即使是在動保先進國家，還是有無數尚待努力的議題；更有宛如電影情節般，緊張起伏的臥底調查。

本書值得關心動保的人體會、思考其中「思考」的地方不少。例如，動保之神為何變成神棍？

作者參與「動物是朋友」一系列推廣素食主義的運動，結合其在中國求學、生活和戀愛的經驗，親身感受原本純潔又神聖的動保如何被名利摧毀。作者自問：「什麼時候，所謂的幫助動物只是養活一小群人的手段了呢？」甚至將這種感受跟邪教的跟隨者比較，包括領導者的特殊魅力、在群體效應下親近者自我洗腦，以為志同道合，重獲新生、倍感自由。

「……生命彷彿被賦予了特殊的價值——實踐和推廣素食，或任何一種我們領悟出的『真理』。」

推廣素食，而且就只是透過音樂、藝術和演講、寫文章的倡議，實在很難跟導引信徒自殺或是殺人的邪教放在一起比較。畢竟，實踐和推廣素食，還是作者以及許多動保人士可以接受的「真理」。

問題出在倡議者——在作者眼裡——墮落了。但更大的問題可能在於，在造神運動中的雙方，也就是倡議者的墮落和追隨者的盲目，都是出於相同的迷思。

首先是行動者迷思，也就是以為自己對動保（或環境、人權、弱勢）的關懷純粹「渾然天成」、「天縱英明」。由於無論動保行動的表現形式為何，本質上都是一種道德抗議。而在不斷挑戰既有、現行人們各種對待動物的形式、態度、價值與規範的同時，道德的光環也隨之遞增，伴隨而來的名利很容易使得行動者在資源的爭取、擁有和應用三者間迷失，不是本末倒置，就是面目全非。

其實任何關懷，就像希臘哲學家所說的「任何事物」一樣，不會「來自虛無」。佛教則提醒布施者：「法不孤起，仗緣方生」、「緣苦眾生、起大悲心」，正如本書第二章提到英國於一八二二年通過保護家畜福利的「馬丁法案」（*Martin's Act*）一樣，正是因為動物受到嚴重虐待，於心不忍的人們才紛紛投入動物權益運動。

其次是行動迷思。動物受到不當對待是催生動保行動者的因素之一。由此，對動物的關懷，自己不會是第一因。進一步來看，要翻轉社會的價值與規範，讓動物受到適當的對待，倡議者的行動也必須跳脫唯一因的迷思。

醫療人類學家凱博文（Arthur Kleinman）主張，個人承受的病痛以及苦難，根本而言都是社會性的（social sufferings）。導致動物受到病痛及苦難的虐待，或是不當利用，又何嘗不是？既然動物苦難的問題是社會性的，用通俗的話來說，要融化三尺的冰凍，既不可能靠一天的熱情，也不可能是一個團體、一個人即可完成。

第三是行動結果迷思。凡走過必留痕跡，任何微小的努力，都是讓能量累積到足以推翻高牆的一部分。但必須時時警醒的是，任何努力的影響力，應該要累積在苦難動物的身上，而不是行動的團體，更不是個人。

動物苦難的減少，可能是痛苦動物的數量，可能是動物痛苦的時間，或是動物痛苦的程度。無論如何，改變來自於那些直接或間接可以影響動物命運或處遇的人或制度。換言之，是動保行動社會資本和道德資本（moral capital）的相互加乘。任何努力，如果只是累積在個人或是一個團體身上，就將只是造神資本，而不會是社會資本，更不會是動保的道德資本。後兩者才是社會性的，相應於動物的社會苦難。

本書部分章節內容，也涉及有關動物權、痛覺主義、動物福利科學等議題，值得再三思索。總結來看，我想，痛覺主義是一種哲學觀點，且是動物福利科學的濫觴，可務實地應用於各種動物議題，但也必須避免淪為只是動物利用的門面妝點。而動物權的主張要在現實人間推行，則需小心警惕是否隱含物種偏見。

無論如何，從動物的角度來看，動物福利主義也好，動物權利思想也好，動物利用的管理也好，只要是能夠累積到動物身上，成為有助於減少動物苦難的社會資本或是道德資本，都好。這是一種「以動物為主體的平等同理的務實行動主義」，是對動物好的主意。

是為推薦。

**參考書籍：**

凱博文著，劉嘉雯、魯宓譯，《道德的重量：不安年代中的希望與救贖》，台北：心靈工坊，2007 年。

喬斯坦・賈德（Jostein Gaarder）著，蕭寶森譯，《蘇菲的世界》，台北：智庫文化，1996 年。

Lyle Munro, *Confronting Cruelty: Moral Orthodoxy and the Challenge of the Animal Rights Movement*（Koninklijke Brill, 2005）.

James M. Jasper, *The Art of Moral Protest*（The University of Chicago Press, 1997）.

# 緣之的動物之緣

李鑑慧
國立成功大學歷史學系教授

我們的周遭存在著無數生命，在察或不察的狀態下，形塑了我們的生命，影響了世界：構成人類細胞的無數微生物基因組、棲居於我們身體各部位的菌類、供應養分的食用動物、運用於科學中的實驗動物、提供各項服務的勞役動物，以及親密伴隨我們的同伴動物等。這些參與於我們的生命、與我們具有重大關聯、彼此化成（becoming with）也相互形構（co-constitute）的所有物種，唐娜·哈洛威（Donna Haraway）稱之為「同伴物種」（companion species）。[1] 同伴物種間的關係不必然是雙向受益，更多時候，存在著人類對於其他物種的不對等利用與剝削。無論如何，因著我們與牠們之間的繁複連結與交錯纏繞，一切生命、演化與歷史，也由之生成。不過，儘管我們生命中的這些「重大他者」（significant others）不勝枚舉，但是牠們與我們的故事卻不被看重，自也不被述說。原因無他——不符合世界支配體系所賴以建立的意識形態框架。

歷經千年的人本主義（Humanism）洗禮，人們早已習於一個關於人類自我的集體想像：吾人乃萬物之首、世界主宰、歷史大戲之導演。殊不知，這獨立、自主、浩然存於天地之間的人類卓越形象，不過為一特定思維框架所致。這框架獨將人類置於宇宙中心，使其於萬物間獨享尊崇地位與一切特權；它同時賦予動物屈從地位，從而正當化人類的役使與剝削。自然，在這主客決然、尊卑分明的萬物階序之下，即便各類動物於繁複層次關鍵形塑了你我、共創了自然與文化，那所有關於你、我與牠們的故事卻無人述說，獨由萬物造化無語見證。至於那奇幻的、以人類為中心的故事，卻代代相傳，由父輩告訴了我們，再由我們告訴了孩子。一個建立於人類支配的全球結構，也因之鞏固不摧。

所幸，仍是有那麼一些人，執意為我們講述了溢出主流框架之外的故事。更有著那麼一群人，察見了人類生命中的重大他者，特別是其中位處壓迫結構底層者。他們看見了牠們，視之為親族，回應了牠們的需求。在這回應之中，某種堅韌的牽繫也由之建立；一段段攸關倫理的故事，於是展開；人與動物生命更也彼此化成，雙雙由之轉變。

這群人，我們有時簡單地稱呼為動保人士，龍緣之博士的《尋找動物烏托邦》，正是一位動保人所寫的動保故事。因著生命許多機緣，我有幸認識不少歷史或現實中的動保人士。這些動保人與他們的同伴物種間的交遇與糾纏往往令人椎心刺痛，卻也激盪人心。我雖也想盡力說上些有關他們的故事，卻總是力有未逮。閱讀緣之的《尋找動物烏托邦》，彷彿自身部分心願也獲致了實現。是的，這類故事該被述說，也將使人得益。

〜〜〜

每個動保人的故事，皆有其殊異時空與不同承續。在台灣時空之下，緣之算是第二代動保人了；置於全球動保脈絡，她則承繼了更為深遠的動保遺產。當然，緣之個人生命的獨特性，自也使其與動物之緣，獨樹一幟也別具一格。

在這段屬於緣之與她眾多同伴物種的生命故事中，你將首先見到一個年輕的、搖滾的、深具全球移動力的動保人。在龐大的全球性動物利用結構之中，緣之突破重重藩籬與疆界，帶領我們走訪各個關鍵現場：北京大城、中國各大動物園、英法的動物收容所、日本的豬隻養殖場、芬蘭的皮草拍賣中心、挪威的大學養殖場、四川的自然保護區、河南的護生園、各地無國界的動保團體等。這些地方，不僅僅是緣之與其親族建立連結之處，更是全球動物利用與動保政治上演的主要場域。於其中，人類支配結構下的野生動物、農場動物、表演動物、皮草動物、實驗動物等，往往因為與人類之遭逢而傷痕累累且各自懷著段哀傷故事。故事之中除了交錯著不同人群與牠們之間的利用、虐待、憐惜、照護，以及釐不清的曖昧與矛盾關係，更也交纏著動保運動中長存之辯證與道德難題：動物權與動物福利之辯、傳統文化與動保價值之衝突、全球動保政治中的西方優位意識、不同物種所受之差別待遇、寵物飼養之正當性等。而編織起書中繁複故事之網的，則是一位想方設法回應著來自動物的倫理召喚而靈活切換於不同身分之間的百變主角：動物救援者、科學史博士生、學術研究者、潛入調查者、動虐見證者、動保見習生、倡議者、教育者……。但當你或正著迷於這生氣滿滿、創意無窮、勇於跨界的新世代動保人的奇特經歷時，隨著故事推進，你也將見到眾多動保人所共承的艱難遺產與雷同經歷：殘酷現實、無盡傷痛、疲憊懷疑、同情疲乏，以及對於人心、結構與其他一切之絕望。

也忘了與緣之是如何聯繫上的，但總之我們在成大光復校區對面有著大片陽光灑落的咖啡廳中，第一次會面就長談了起來。接著她多次參與了我的課程教學，我邀請她談皮草運動、談大熊貓保育，每每於同學的回饋單中，總可見到緣之所激發起的年輕人改革熱情。我也感佩於緣之動保經驗之豐富、熱力之不絕。我曾經以為我大致了解緣之的生命歷程與運動參與。直到閱讀此書，才知道當中更多的曲折跌宕、更多的悲喜苦痛，以及因動物而來的生命刻痕與轉化。

閱畢緣之與動物這段動人的生命故事，我不禁思索：這般的故事，會有著怎樣的結局呢？

在後現代思潮影響下，我們理解到，語言、論述、故事，才是那形塑我們所識世界的構成要素。換言之，我們的故事，決定了我們的世界；我們也活在我們的故事之中。在後人類思潮（Post-Humanism）衝擊下，我們也明白，那世代所傳述的大寫人類故事，不僅嚴重失真，更無能回應全球當今人類世危機：物種滅絕、資源耗竭、全球暖化等。若欲迎向一個萬物共生共榮的未來，我們唯有轉變故事，調整那以人類為中心的敘事框架，迎入那曾被我們貶斥於外的所有生命物種。而那與弱勢者共同化成、結締聯盟之故事，許多理論家告訴我們，將能為地球生命提供更多可能性，並成為建立另類全球政治的珍貴資源。

但是現實世界，是否能如理論所應允般樂觀與圓滿？面對飄渺遙遠的允諾，當下的我們，又該如何自處？哈洛威的一段話語，近來更深深地打動著我：在我們與一切生命重大他者之交遇中，「並不存在目的論式的保證、沒有必然的快樂或不快樂的結局……在這之中，只存在優雅地彼此共處的機會。」[2] 動物權倡議者亨利・梭特（Henry Salt）亦曾自述其一生為各類親族——人或非人動物——所為，並非因為選擇如此，而是由於別無選擇。生命既是如此這般注定與另一些生命交織纏綿、輪迴與共，那就讓我們珍惜與所有同伴物種的難得緣分，學習優雅共處，接受一切生命化成，更也無懼那因之而來的情感牽繫與責任。「同伴物種，正是義無反顧地彼此化成」。[3] 迎向牠們，你我或許也都將能如緣之一般，譜出一段段動人的多物種生命之舞！

1 關於同伴物種概念，參閱：Donna J. Haraway, *Companion Species Manifesto: Dog, Species and Significant Otherness*（Chicago: Prickly Paradigm Press, 2003）; Donna J. Haraway, *When Species Meet*（Minneapolis: University of Minnesota Press, 2008）.

2 Haraway, *When Species Meet*, p15.

3 Donna J. Haraway, *Staying with the Trouble: Making Kin in the Chthulucene*（Durham: Duke University Press, 2016）, p13.

# 前言

「動物烏托邦」對比於現實是不可企及的，卻又是我與許多夥伴共同追尋的夢想之境。這本書描述了我在各地試圖接近動物的真實處境、實現這個理想的過程。我試著將那些或被遺忘的、或從來沒有被認識過的動物存在的樣貌記錄下來，牠們的呼吸和眼神都難以描述，但是遠遠不及人們一步步打造「烏托邦」的理想來得困難。

書中以故事發生的時序和我當時身處的社會環境作為主要脈絡，每章都有一些不同的議題。序章〈飛天術和搖滾樂〉是我初期踏入動物倡議領域的那些年裡難以忘卻的往事，也是我開始在他鄉異國生活、投入動物保護工作的背景。

第一章〈致命的（可）愛〉從「活態取膽」產業連結到動物展演議題。我與一些關心動物園和馬戲團動物的朋友，在那數年間盡可能地走訪了中國各地的動物園，當時我們都充滿熱情，但也感到徬徨無助，試圖用田野調查的證據，以有限的條件和資訊去論述問題、發揮公眾影響力、進行政府遊說，一步步地淘汰動物展演。

第二章〈歐洲收容所裡的夢想家〉記錄了我初次在歐洲各地的收容所、庇護所，以及動物福利組織參訪和實習的經歷。除了旅程中無盡的美景與看似完善的制度，各國的宗教和社會文化也衝擊了我的價值觀，不禁令人懷疑，歐洲是否為世界各地的動保發展建立了一個理想的藍圖？我走訪了動物福利最佳的英國示範性農場動物養殖場，看到在經歷了漫長馴化後的動物身體如何盡可能地「融入體制」，在當地成為人們可以「問心無愧」的消費品，但之後我仍想回到自己的土地，在摸索中前行。

我在第三章〈一個也別記得〉中，描述了在短暫數年的動保工作後經歷的同情疲勞心路歷程。由於當時每天都收到如雪花般飛來的信函，除了中國各地民眾舉發的動物虐待、流浪動物救助和運輸貓狗去屠宰的車輛資訊，還有關心動物的人們自身面臨心理崩潰的求助訊息。面對這些排山倒海的社會問題，以及發生在生活周邊的動物虐待，加上我所信奉的價值與主流對待動物的態度格格不入，令我陷入了自我懷疑，感受也逐漸變得麻木。同情，意謂著體驗他者的痛苦。

而後為了帶我在北京收養的貓咪扣扣（Koko）和卡卡（Kaka）回到台灣，不得不安排在第三國（地）至少停留半年再回台，二〇一五年，我開始了留學日本的生活。在第四章〈成為東京街頭的三明治人〉中，我在擁有超過三十年歷史的「日本動物權利中心」（Animal Rights Center Japan，簡稱ＡＲＣＪ）實習，除了每週參與遊行籌劃、進行田野調查、在辦公室清點物資等，也如同早期台灣的看板工那般，身體由前後兩片動保展板夾起來，成為一個「人體三明治」，在澀谷等鬧區向民眾進行「街頭啟發活動」。在日本嚴謹、節制的文化洗禮下，我切實感受到了這股社會運動中的草根力量。

第五章〈在芬蘭，做一隻披著狼皮的羊〉和第六章〈北歐黎明前的黑暗〉記錄了我在芬蘭、丹麥和挪威等北歐國家進行田調的故事。為了得到跨國皮草貿易的第一手資訊，也為了找到倡議和研究工作的突破口，我戲稱自己是一隻「披著狼皮的羊」，藉由偽裝的身分，如羊入狼口般前往皮草產業中心，潛入養殖場、拍賣行等產業內部進行調查。經歷了膽顫心驚的調查工作後，我在芬蘭第一家農場動物庇護所看到人們已經採用更多元、更有趣和更有希望的方式，營造人與動物良好互動的環境。接著，我在丹麥哥本哈根附近的水貂養殖場看到用來處死動物的「毒氣箱」，當旅程抵達挪威後，也目睹了人們對待籠裡、籠外動物截然不同的態度。然而，北歐之旅除了見證動物的苦痛，也令我感受到動物倡議運動於歐陸國家生根發芽，在數十年間已經培養了許多能力卓越又勇氣非凡的行動者，他們不僅身負獨特的技能，更形塑了一種具有歷史傳承意義的動物保護文化。

第七章〈有些動物更平等〉的主題是讀者相對熟悉的大熊貓保護。這些動物園裡的明星為什麼離開山林、來到世界各地的城市？我的博士論文以三十年來的大熊貓保護史為主題，因此有幸在四川多個自然保護區裡和巡護員同走「獸徑」，體驗野生動物的生活空間。在爬梳歷史後，我發現人們在物種保育的路上，曾經嘗試過的錯誤方式所遺留下來的影響仍在持續。從被「活熊取膽」的亞洲黑熊，到本章所呈現的大熊貓，這兩種自然棲息地同在一處的熊科物種，有著完全不一樣的命運，卻都因為人們不同的動機而成為牢籠中的囚犯。我引用喬治·歐威爾（George Orwell）在《動物農莊》（*Animal Farm*）的句子「所有動物一律平等，但有些動物更為平等」，並非因為動物烏托邦不可實現，而是希望人們能反思當今對待旗艦物種的方式是否正確。

在本書的最後，我關注的是「誰在做動保」？這一章描述了宗教團體所謂的「動物保護」活動，但在「放生」和「護生園」等場所裡，我看到的經常不是幸福、快樂的動物，反而是嚴重的動物福利問題，在許多一廂情願式的動保方式中，動物處境並沒有真正受到重視。透過這些經歷，我也不禁反省自己和夥伴的投入是否真的幫助了動物？

數年前，我無意間翻開小學時的家庭聯絡簿，「我想活出有意義的人生」這句話赫然從已脆弱變色的紙面上跳了出來。對我而言，看見動物及其他弱勢群體的處境、為改變這種現況而付諸行動，讓我在面對苦難和困境的同時也感到快樂和欣慰。在尋找動物烏托邦的過程中，如果我們能理性看待百年以來動物保護運動在全世界取得的成果——從動物的道德地位、法律地位，到各國草根組織的成立與發展，再到愈來愈多的媒體關心動物議題，那麼這些長足的進步或許是不言自明的，也讓人期許動物的生命與動物保護的精神，終將成為人們生命中永不熄滅的愛的指引。

目次

## 序章

# 飛天術和搖滾樂

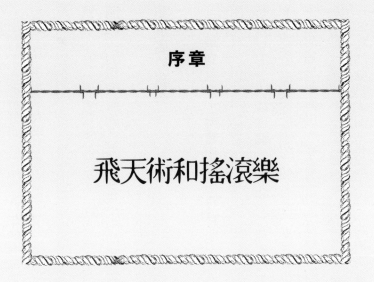

行動起源於好奇。二〇〇八年的春節初五，我隻身到達北京，展開一場近十年的遊歷。起初，我在北京大學燕北園租下了一個房間。我的租房裡有三隻貓，一隻是人在台灣的室友收養的扣扣，另外兩隻則是寒假期間來寄宿的。或許貓咪自己待著過一個寒假也是寂寞的，當我帶著笨重的行李，在夜晚來到五環邊上的蘇式連棟房，用冷極了的手忐忑地開門、開燈的時候，三隻貓在小小的客廳裡一邊叫著，一邊轉來轉去。

## 北京屬於我們

剛到北京，與貓相伴的時日並不全然孤單，當我坐在電腦前，扣扣總是在書桌上陪著我。但我自然還是想在這裡結識新的朋友，渴望徹底認識一個家鄉以外的地方，期待自己有一天能像個「老北京」那樣自在老練。由於身處北京大學校區，我在「未名BBS」上偶然注意到一個名為「素食文化協會」的學生社團發布的帖子，預告一場動保主題的搖滾樂演出。從來沒出入過酒吧的我，實在大為意外，整整一個星期，我央求在北京唯一認識的高中女同學陪我同行，一睹這群吃素又保護動物的搖滾青年。

在活動日之前，我把主辦人的網路資料翻了個遍。那是一個瘦骨嶙峋、前庭甚高、一頭長髮扎成一束馬尾辮子、約莫三十歲出頭的男子，他在部落格裡寫了不少關於茹素的生活體會。他選擇素食是為了降低對動物的傷害，這點和我很像。部落格裡還有許多他和貓共同生活的照片，就像某日本雜誌一期的封面寫的，「貓和男子，召喚幸福的魔法」。他的氣質和台灣男性很不相同，看起來相當剛毅果決。這種既在理念上熟悉、又在文化上帶著陌生的距離感吸引著我。

演出當天的晚上八點，我們來到位於海澱區的藍旗營。那裡有兩間搖滾樂酒吧，地處北京大學和清華大學旁，但出入的似乎都不是學生。一間叫 D22，看起來新潮，走進去的空間細細長長的，燈光都很講究，但我不敢多看。另一間 13 Club 較為老派，處在較深的位置，沒什麼裝修，有簡單的舞台，舞台前方是正正方方的「搖滾區」，不少觀眾待在ㄇ字型圍繞著舞台的座位，還有二樓看台，我要看的「動物是朋友」[1] 演出就在這裡。表演已經開始了，酒吧裡煙霧瀰漫，門口也像所有店家那樣，掛上切成一條條的塑膠片防寒。濃厚的菸味熏得我眼睛辣辣的，也沒能聽清楚台上演出的歌曲與動保有何關係，但是，主辦人語氣堅定地說著活熊取膽等動物的悲慘處境，很令我動容。這位留著長頭髮的人名叫謝真，一身紅衣紅褲，是來自東北的樂團「隔夜油條」的主唱，他和其他樂手都是素食者。我一直留意著這個人，在酒吧外頭，鼓起勇氣向他自我介紹，交換了電子信箱。謝真是我在北京認識的第一個朋友。

隔週的星期日，謝真約我和他的朋友一同去團結湖「共議動保大事」。那天的北京沒有風沙，豔陽高照。來自河北的、遼寧丹東的朋友，還有鞍山的謝真，男男女女有著各地的口音、身形和樣貌，都教我感到新奇。原來，「動物是朋友」是謝真以「隔夜油條」樂團成員為基礎而發起的公益團體，剛成立不久。他們計劃以地下樂團演出的方式，先影響首都多少帶有反骨精神、容易接受新觀念的年輕人，從貓狗肉、皮草和活熊取膽等問題開始，讓人們逐步理解動物保護與植物性飲食。「動物是朋友」主辦的演出活動還不多，但未來將擴及到外省去巡演，而「隔夜油條」則是以中國的五聲調式譜曲，近期創作都和動物保護有關。無論是樂團、動保理念，還是他們在北京和家鄉的生活，都讓我聽得津津有味。在場的還有一位他們在公車上認識的女孩，聽說了這些動保理念，也想在服裝設計方面一起出謀劃策。看來謝真和他的夥伴不放過任何宣傳的機會，這種積極性也是我從來沒見過的。我們幾個年輕人坐在團結湖公園裡商量用音樂震撼社會、傳達動保精神的新時代。

那一陣子，我認識了謝真周圍的朋友，有道地的北京人小東，個子不高的她有著丹鳳眼，總是齊瀏海、一頭長髮，氣質像個小鋼炮，騎著自行車橫越北京，我戲稱她是哪吒；來自四川南充的唐晶，一位就讀中央美術學院的研究生，長得既像藏族，也很有佛緣，身形單薄，神情中既帶著執著，又有一些女性的柔媚；髭亞來自河北保定安國，身高近一百七十公分的她，並沒有很強的都會感，但散發著獨立自主的氣質，給我一種中國新女性的感覺。這幾個女孩和我都很投緣。謝真的「哥們兒」叫林帆，眼睛奇大，有種威武和嚴肅的男子氣概，是樂團的鼓手；我還認識了樂團裡的吉他手瘋子，一個可愛且單純的男孩，大我四歲、家在北京，我們交往了四年的時間；另一位同樣來自東北的貝斯手是儲新志，某一天謝真邀我一起去北京西站接他返京——即使是這樣的小事，都讓我感到新鮮。中國的人實在很多，我從未見過這麼多的人。我和這些新結識的朋友在一起，彷彿北京就在我們腳底下，街道屬於年輕人，未來的北京也屬於我們。

## 素食主義理想國

謝真在京郊租了一個小院子，位於鳳凰嶺，每月房租一千元人民幣。從位於北京西北角的頤和園公交樞紐坐三四六公車過去，大約要四十分鐘到一個小時。這輛公車的車身分為兩截，駛出五環後的路面顛簸，得蛇行前進，車窗的壓克力板會匡噹匡噹地發出巨大的聲響，傳達出一種生活的粗礪感。在接下來的兩、三年間，我經常搭上這班車，搖搖晃晃地到那個小院找謝真和他的朋友、貓，還有一隻被小院的屋主長期鍊養的狼犬「胖胖」。有時，我帶著送給貓咪的玩具去，有時帶些生活用品給他們，也向家人收集一些手環、玉飾之類的東西送去，補貼這群理想主義青年，希望夥伴在演出之餘能賣點錢。然而，我卻沒有敏銳地察覺，這些首飾直接被謝真戴在身上。那個小院承載了我的種種想望，純潔而且沒有徬徨，那裡的人就像我在北京的家人，我經常過去吃飯，也負責洗碗。第一個夜晚，林帆說，大夥兒就像兄弟姊妹一般，睡一張床上。北京的夜晚確實很冷，室內無暖氣，我們這樣的年輕人也總是想著省錢。平時怎麼穿著，睡覺時就怎麼穿，大家也不洗漱，上床就是和衣躺下。北京乾燥、塵土多，北方水資源少，許多人是好一陣子才洗一次澡，即使如此，身上卻也不太有味道。

北漂的搖滾青年多住在京郊，就像過去圓明園畫家村一般，往後的時光中，我認識了更多這樣的藝術家、樂手、詩人、地下刊物的編輯等等。彼時北京的房價還不是很高，五六環之間的一個水泥房間大概都是月租八百到一千人民幣的價位。我所居住的這一帶再往外圍走，房舍就蓋得更缺乏規劃，許多違建施工在半夜進行，巷弄中常是土路，不時有排泄物的氣味——好「野撒」的人也不在少數，至少我身邊就有幾位。其實，北京大學燕北園所在的地名正好是「騷子營」，貼在圓明園邊上，位於圓明園和頤和園這兩大園林中間。據說我們這兒是給圓明園裡的人倒尿盆的地方，從而有了這個名稱。

當年的生活單純美好。家裡支援我離家後的開銷，除了準備考研究所以外，時間都任由自己支配。在北京的動保主題演出之外，謝真約我與他們一起去山東巡演，同行的還有幾位女孩，我們前後到了濟南、泰安和青島。坐著小麵包車，我歷經了北方的農村、小鎮，到各個陌生的城市。有時，表演的場地是D廳（迪斯可），有時則是比單人房大不了多少的「夜總會」，沒有招牌，建築物也像危樓。各地有不同名目的「小動物保護協會」，令我驚奇。直到很久之後，我才明白有些協會竟然也是荒腔走板，那時邀請我們去山東演出的團體，就在網路上販售自家辦公室的狗以籌措金錢。一路上，我們說說笑笑，也常神態嚴肅地講述著各自聽來的動物處境——養殖場的慘況、被人狠心拋下的狗兒自殺，還有悲劇色彩濃厚的、林帆父母為了給他燉肉而煤氣中毒死亡的事。我見到沿途農村的電線桿上頻繁地出現「收狗」廣告，才知道食狗、賣自家狗兒給肉販，在京郊是很普遍的。

我自大二開始不再吃肉，但還吃一些蛋奶製品，謝真和他的哥們兒則完全不吃動物性製品，也不穿皮草、羽絨。我很快地接受了這種觀念，成為嚴格的素食者，也丟掉了所有的皮鞋。當我從台灣來的大學同學怡志與佩吟到北京找我，我難掩得意地介紹這群朋友，還一起到了天津巡演，讓大家體驗北方青年的生活，晚上就在酒吧、餐廳，或任何空房間裡過夜。怡志和我半開玩笑地說，他聽說西方搖滾樂團巡演時經常帶著女孩——白天是助手，晚上則陪樂手睡覺。在中國，也把這類搖滾樂手吸引來的女伴叫作「果兒」。我不以為意，因為在我心裡，這群朋友正直又富有理想，完全不是那樣的人。

我們有時能認識一些特異人士，有的是表演生吃檸檬的「果食超人」，有的是十歲就和千人講佛法、擁有一千信眾的妙齡少女。謝真說他會飛，飛久了會累，但沒有人見過。他還有些什麼功夫，我不記得了，不過有些人喜歡開玩笑地說他像個道士。

那幾年，我也想著要盡可能為動物做些事。

「動物是朋友」的夥伴在山東巡演的路上。

1 1. 在山東某場活動結束後，當地觀眾和樂團夥伴合照。

2 2.「動物是朋友」樂團在山東巡迴演出。

在讀書以外的時間，我大多和「動物是朋友」的夥伴在一起，有時也到不同的草根或國際組織當志工。我覺得大夥兒正透過各式各樣的方式，在各處尋找機會，嚴格地要求自己以 vegan[2] 的、動物權的形象去影響和改造這個社會（嚴格來說，當時這兩個名詞還不普及），尤其是讓人們少吃肉。

## 動保青年同仇敵愾

回想起來，我心裡曾經很依賴這個以謝真為中心的團體。我衷心祝願它能長期發展，因此希望能在各方面支援他們，也買了一台手持DV開始以這些朋友為主角，想拍成一部紀錄片。每個星期，總有一兩個夜晚，我和這群夥伴會一同到北京各個角落的酒吧演出。當男性樂手在台上為動物吶喊時，我在台下錄影，其他女孩幫著拍照。豪運、亮馬橋、愚公移山、微薄之鹽、兩個好朋友，這些地下音樂場所都是我們常去的……像我們這樣的憤青似乎不少，門票一張約三十元左右，但酒吧和主辦人等等都要拿走大部分的收入。合計下來，每個樂手大概一天能分到十五到三十元，足以在午夜的演出結束後「拼車」回家。當謝真他們錯過夜晚的班車回鳳凰嶺，就到我的租處過夜。我總是很高興，甚至讓謝真為扣扣和卡卡注射他從網路上買來的疫苗。如今想來，真是不可思議。

搖滾界有個概念叫「3X」：不吸菸、不喝酒、不濫交。我一度以為這也是謝真和他的夥伴的基本生活態度。我們的確不怎麼喝酒，但林帆有時菸抽得不少，有許多煩惱。他說，「現在缺的就是錢」。如果有錢，「動物是朋友」可以到各地去巡演，就能把動物保護的訊息傳播出去，先影響喜歡音樂的年輕人，再讓這樣的群體去影響別人。除了錢永遠不夠的問題之外，我覺得整個社會都在幫我們找資源。大學教授為我們找來學生當志工，自己也在活動上發言背書，國際動保團體——如善待動物組織（People for the Ethical Treatment of Animals）、國際愛護動物基金會（International Fund for Animal Welfare）、亞洲動物基金（Animals Asia Foundation）、瑞士動物保護協會（Swiss Animal Protection），還有英國皇家防止虐待動物協會（Royal Society for the Prevention of Cruelty to Animals）、農場動物福利基金（Compassion in World Farming），以及後來我工作的行動亞洲（ACTAsia）——的辦公室或代表多在北京，「動物是朋友」曾與其中多家合辦活動。有時活動辦得盛大，邀請到北京有頭有臉的樂團，換得當地警察局通知演出當日「斷水斷電」。

北京作為中國的政治中心，任何觀念似乎都可能是敏感的。六月四號不能辦活動，六月三號也不行。六月五號呢？沒有人說得準。在某種程度上，「動物是朋友」做得算是成功，曾經受到中央電視台、北京電視台的報導，據說以時長和內容來看，在央視節目中露出的價值約為十萬人民幣，那是當時我們許多人無法理解的金額。《中國日報》（*China Daily*）也大篇幅地報導謝真，在彩色版面的正中間，放的是謝真到四川的黑熊庇護所，與一頭剛被贖回——也就是由動保團體向養熊戶買下——的黑熊臉貼臉的照片。

在那幾年，我們的宣傳受到最大影響的層面，應該是中國政府對素食宣傳的顧忌了。一位央視記者對我們說，「上面」表示法輪功也宣傳素食，所以官方媒體是不能談素食的。我們可以談保護動物，但是哪些動物、哪些議題、要做什麼改變，就都不能說。大家既不知道哪些觀念是政府所顧忌的，我們自個兒也打模糊仗。那些被政府關照，以「斷水斷電」令演出無法進行的時刻，我既感到遺憾，也加強了和夥伴同仇敵愾的底層情緒。群體的認同感，或許正是因為極其小眾、特立獨行而形成的。到了後期，謝真可謂左右逢源，既有女士捐給他兩百萬人民幣代為養貓，也有國際團體的支持和信任，筆電、投影機、汽車等，樣樣不缺。更多時候，謝真在社會上「走動關係」，他認真地告訴我，大多數時間他都在思考「動物是朋友」的未來——我們要做什麼，以及怎麼做。他推出了首張個人專輯，我也加入了和聲，在各省的大學演出，吸引到不少學生追捧、擔任志工。

## 「你」就是不一樣

每年冬天，北京的貓肉販子出沒在各小區，用麻雀和斗笠捉貓後送到河北宰殺，貓肉要吃、貓的皮草也可以賣。人們非常容易就能得到貓——可以在街頭向攤販買，也可以網購，或是直接在路上撿拾。貓的數量急速增加，殺貓、虐貓的情況也不鮮見，我身處的北京大學每年都有數起惡性事件，總是有著忿忿不平的學生為貓伸冤，但是校方並不處理。北京市政府製作了「絕育單」透過動保團體發送，讓民眾免費帶流浪貓到指定的動物醫院做絕育手術。我和夥伴也到不同的地方抓貓，有些貓在絕育後就在安全的小區放歸，有些

2009 年 3 月 20 日的世界無肉日，我們在北京街頭邀請路人認識「生產 1 公斤牛肉需要 10 萬升水」，而相較於畜牧業大量消耗水資源，生產 1 公斤馬鈴薯，僅僅需要 500 升水。

親人的貓則有機會找到認養者。那時，我們身邊最缺乏的是稱職、好溝通，又能與動保人士配合的獸醫師，許多動物醫院也如社區洗衣店般破舊、缺乏經驗和管理。大環境如此，我們的執行方式在今天看來也非常粗糙。我家和鳳凰小院因此都長期或短期地安置了許多貓，有等待收養的貓、等待絕育手術後拆線的貓，也有小奶貓。透過網路，我們總是在為這些「北京土貓」[3]尋找家庭。謝真請人在小院建造一個類似「鳥園」的大型籠舍，打算在收容貓之餘，做一個開放參觀的貓收容所，也讓人付費把老病的、將要臨終的貓寄養到這裡。因為團體的工作重心逐漸向同伴動物轉移，謝真也愈來愈常獨自外出，與其他夥伴完全不認識的人會面。

在一次遠赴深圳的演出中，我感受到了當地企業家和社會名流對謝真近乎崇拜的感情。價格不斐的服裝品牌將他風格奇異的設計印成T恤圖案在店內販售，時尚餐廳舉辦了以他為中心的接風宴與主題演唱會，謝真也展示了他宣稱已實踐一段時日的生食——不吃熟食，只要餐廳上一條未切的茄子，演唱會中還穿插了一位小女孩與一隻馬爾濟斯的「溝通」表演。我對這些現象頗不以為然，覺得動保宣傳應該和商業活動、宗教團體，還有一些特立獨行的作法保持距離。中國官方公布的十大邪教名錄中，不乏推崇素食的附佛外道。在二〇一一年的「世界末日」預言前後，清海無上師的信徒在中國各地廣開素食餐廳，以極廉價的餐飲吸引人群。在北京三環的地鐵站入口，人們經常可以收到一些來路不明的傳單，宣揚素食的各種好處，附帶常見的口號「素食救地球」。有一回，我在朝陽區圖書館裡隨意翻書瀏覽，發現小紙片隨著翻動的書頁落下。那些指甲大小的複印紙片上，有手寫體的「下面網址有很多真相」字樣，我試著在電腦輸入那網址，頁面卻已不存在了。無論是附佛外道等新興宗教或是傳銷團夥，都在中國各地廣泛地傳播著。北京如此，其他城市和農村就更難以想像了。許多人對這些現象存而不論，實際上動保活動卻深受大環境影響。

謝真不時有著各式各樣的點子，比如訂製大鐵籠帶到酒吧或餐廳現場，讓人輪流進去體驗被關起來的感覺（但我沒見過有人真的進去），又或是讓歌手在籠中演唱。我們也曾以「豬保計畫」為名，坐火車到山東訪問當地的養豬大王，了解到當地的豬在屠宰前都有強行灌水的問題。在防疫森嚴的乳牛飼養場，他買了幾盒菸，試圖收買警衛讓我們進去拍攝，也建議我去長期記錄一隻皮草或肉用動物在養殖場從出生到被屠宰的過程。

那時我年近二十五歲，極為渴望認識中國社會的各種面向，特別是人與動物的關係。我到北京大學讀書，除了常常和同學分享動保傳單，也加入了素食文化協會，在校內外舉辦講座或出遊活動。我陸續接手了幾輛破爛老舊的自行車，貼上善待動物組織印製的各種動物權貼紙，每天騎著這樣的宣傳車在海澱區的「那一小片地兒」闖蕩。謝真很有個人魅力，他在舞台上說：「不要擔心自己和別人不一樣，因為，『你』就是不一樣。」當時的我，其實也未認真思考和感受過自己在同學眼中是什麼樣子，只是專心致志地試圖在每一次課堂報告、提問，以及每一次與人交流的機會中，見縫插針地置入性行銷動物保護。多年以後，我仍能在以前常去的餐廳、學校警衛室，還有宿舍與洗衣店，看到當年發送的宣傳海報、滑鼠墊和貼紙。

彼時的北京平均工資，每人每月大約是三千至四千元人民幣。而隨著房價的瘋漲、高鐵等社會建設的啟用，人們的收入也大幅度提高。我那個在教職員宿舍區租住的小房間，房租也漲為原先的三倍。人心隨著物價和房價浮動，也許正是在這樣的情況下，萬事萬物產生了無限的可能性，我們既看不見歷史中的自己，也分不清真實與虛偽。

## 我遇上了動保神棍嗎？

首先向謝真發難的，是來自吉林的鍵盤手黃財。我們一同到廣州演出時，不時有觀眾給謝真獻花，也有動保人士到我們下榻的旅店送早餐。謝真受到英雄式的歡迎，其他人卻沒有，即使樂團到電視台錄影，播出的也只有謝真的畫面。黃財很不高興，我和其他人也感到尷尬，舞台上和人前的風光，與下台後的群體沉默，漸漸令人難以忍受。在濟南的某天晚上，謝真將我們聚在房間進行思想教育，打破沉默的我，最在意的是他的獨斷行事，以及整個團體偏向貓狗收容的問題。「沒有這些貓，就沒有錢。」他說。

聽到他這句話，我頓時啞口無言。我一直以為，自己在做的是幫助動物的事。什麼時候，所謂的幫助動物只是養活一小群人的手段了呢？日本的推理小說有一個法則——任何案件，順著女人和金錢這兩條路去找，就一定能水落石出。我想不到，原來判斷一個人或團體的本質如何，似乎也是這個道理。在聽到這句話之前，小束與其他若即若離的夥伴對於謝真的非議，我從未認真看待，也未曾嘗試辨明是非。在那段時光中，我單純地相信，每個為動物保護努力的人都是秉持奉獻的精神。即使許多時候自己過於天真，未細想哪筆細小的款項怎麼記錄、義賣品的收益如何應用，我也從未想過在有些人心中，個人的「持續發展」遠重於我原先以為的原則和理想。謝真說我這些年的「時間很多」，因此找我幫忙「動物是朋友」。這些簡短的話語令我震驚和無力，彷彿忽然照見鏡中自己的樣子。那面鏡子是過去我所以為肝膽相照的友人，實相卻是臭泥污水，而我的樣貌則模糊不清。

那一晚，我默默流了一夜的淚水。幾日後，這種錯愕慢慢地轉為憤恨，被他背叛的感覺愈來愈強烈。我與其他曾經和團體走得近的女孩聯繫，才明白那些所謂兄弟姊妹睡一張床的安排，也是團體中的男性有意無意地接近女成員以發生肉體關係的路徑。這些女孩說出的故事讓我震驚，我很快地與「動物是朋友」劃清界線，也向不明事理的男朋友提出分手。往後，在長達三、四年的時間中，許多人曾向我問起他們，或許由此可見其宣傳活動是很成功的。某一年，謝真更受邀到聯合國演講，而我未曾再與他或是他的友人聯繫。

許多年過後，在日本留學期間的某個早晨，我夢見謝真。在夢中，我問他：「你還在騙嗎？」夢醒後的我啞然失笑。距今十餘年過去，我不會再酸溜溜地懷疑謝真和他的夥伴是不是會在半夜偷吃漢堡肉，但是，我也慶幸自己當年沒有愈陷愈深。在那個一起走過北京城的歲月中，我身邊的夥伴，真的是欺世盜名的神棍嗎？在我們之中，也許沒有誰能完全看清此中真相。直到今天，仍有少數朋友為其「勸素」世人不乏成功例子而辯護，但我想，這段故事所描述的謝真和他的哥們兒，所走的並非正道。

往後幾年，我陸續接觸到一些關於邪教的研究。讓我吃驚的是，曾經讓我產生歸屬感的團體，竟也符合許多邪教的特質。這些和社會主流價值極為不同的觀念，有人覺得驚世駭俗，也有人感到耳目一新，而我正是屬於後者。團體的領導人總是具有一種特殊的蠱惑力，在社群的襯托之下，讓親近他的人覺得自己是特別的。我們既深受群體氣氛影響，也為自己一次又一次地洗腦，以為找到了志同道合的朋友，重獲新生、倍感自由。當我和夥伴在一起時，每一天都像是在冒險，每一天都是獨特的。生命彷彿被賦予了特殊的價值——實踐和推廣素食，或任何一種我們領悟出的「真理」。這些小團體與其彰顯的次文化，也不斷吸納對其有用的人，特別是教授、有錢人、樂手和社會名流，以及前仆後繼願意為他們的行政事務、支出和生活提供服務的女孩。在這樣的環境中，我竟然曾經以為彼此的存在是一種真、善、美的實現。一個人既是團體中不起眼的角色，另一方面卻也認為自己是被一個充滿了愛與和平的大家庭「選中的人」。

在北京奧運會前後幾年，素食、動物保護等新觀念在中國社會流動。我記得朋友身在農村的家人那年信了天主教，第二年卻領了佛教協會發的「皈依證」，這些現象似乎不足為奇。在網路和資訊流通還不便利的時候，我感覺到社會上存在萌動著的力量，京城的生活雖然混亂無序，但也粗暴生猛。北京奧運會就像是點燃炸藥的引信，「中國人太需要一個向世界證明自己的時刻了」，林帆這樣說。未來雖難以預期，像我這樣的年輕人卻渴望了解更多訊息、掌握更多話語權，在這裡打造我們的城市。在我與「動物是朋友」

來往的數年中，我從謝真那裡接收了許許多多真假摻半的故事，未能有足夠的動力和能耐去釐清其中雜色的價值，而安於在舞台下為一場小小的造神運動喝彩。這既是我的懺悔，也是我的成長。

我和謝真與他的夥伴一起活動的四年時光，與我的初戀完全重合。我和那位年少時期的男朋友，都單純且帶有傻勁，在很多年之後，我才意識到這段故事無論是實質或是作為隱喻，都是我初次投入的情感。我曾經如此執著和相信純潔而有榮光的善意，最終在斷念時主動求去，卻又不無怨言。到了今天，我不再將謝真與其哥們兒視作永遠邪惡的，但在心中仍維持著對那些年、那些故事的基本判斷。如果沒有了這些往事，我是否能不斷探究自己選擇的價值，並且在這場漫長的運動中，找到我的位置呢？

1 「隔夜油條」的團名、成員，以及「動物是朋友」的名稱皆為化名。

2 Veganism 的詞根 vegan 指不食用和穿戴任何動物性製品的人，以及不含動物性成分的食物和物品。雖然 vegan 一詞已有「純素」、「全素」或「維根」等翻譯，但也有許多人認為該詞和中文語境下的「素食」概念有著不同的根源和意涵，因此不認同這些翻譯方式，故本文不另翻譯。

3 北京土貓又稱中華田園貓，其實就是米克斯貓咪。

Chapter

# 1

# 致命的（可）愛

## 從活熊取膽到動物奇觀

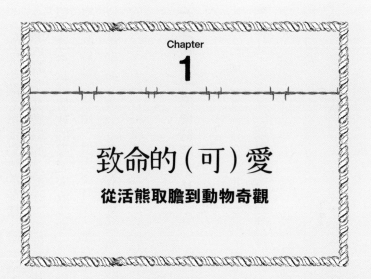

我開始關心展演動物的契機，是「活熊取膽」產業。「活熊取膽」，其實取的是膽汁，也就是在熊身上開一個口，透過長期置放的導管來收集膽汁。這些膽汁被認為有清熱解毒的效用，但更多時候，是當作眼藥水、牙膏，以及保健品的成分。中國有近萬頭熊被關在養殖場狹小的空間中，每日經歷著被取膽汁的痛苦。

## 一張寄往中南海的明信片

二〇〇一年，我在台北景美的一家咖啡館得到一張明信片，上面是一頭黑熊的臉部特寫，印有「熊要自由」字樣，邀請民眾「一人一信，救熊行動」。那頭黑熊凝視著鏡頭，我在那張臉孔中看不出喜悲，但是文字卻講述了存在於中國的活熊取膽產業的殘酷性。這頭黑熊正是身處於養殖場的鐵籠之中。[1]

### # 活熊取膽

活熊取膽的作法來自北韓，在中國、越南等地都存在。儘管越南已經於 2005 年立法禁止，但是仍然存在著非法養殖場，將熊膽製品販售到世界各地。在台灣，自 2000 年起，非經主管部門許可，已不可販賣、陳列、展示熊膽製品。然而，台灣人卻正是越南當地的熊膽消費者，甚至是養熊場的經營者。直到 2008 年，台人前往越南旅遊時，當地導遊仍會領其到熊養殖場，現場會有三、四頭熊，如果遊客想買熊膽汁，可以當場指定黑熊，業者就會馬上將牠麻醉，拖出籠舍，透過導管取出膽汁販售。[2]

我在那張明信片寫下「中共中央辦公廳江澤民主席收」，付了國際郵資，投遞到紅色郵筒。數年後，當我與朋友提到這段往事，大夥兒都覺得這個行為天真得不可思議，因為中國的郵差「都不知道把那信往哪兒寄！」，身為資深中國人的他們，確實與習慣透過管道提出訴求的我相當不同。

有一回，我搭上火車去瀋陽，一出車站，眼前的大廈頂部就是搶眼的熊膽廣告。在東北一帶，我常能看到各式各樣的熊膽製品出現在遊人如織的市井。這些包裝華麗的禮盒多半印有黑熊照片，裡面則是膽汁粉或完整而乾燥的熊膽。我覺得困惑：雖然這些養生禮品動輒數百元、上千元人民幣，但是，飼養熊的成本應該也不低吧？我不禁好奇，這些熊是否生下來就是被用作取膽汁，還是有其他生命故事？

亞洲黑熊的胸前有美麗的U形乳白色紋路，因此又稱作「月熊」或「月亮熊」。透過亞洲動物基金等國際組織的努力，二〇一〇年，在中國三十一個省、自治區、直轄市中，已有十八個沒有活熊取膽業；[3] 到了二〇一一年，已經有二十個明確宣布不再批准活熊取膽業。[4] 然而，這是否表示被養殖的黑熊數量減少了呢？很可能不是。熊膽產業的規模化將為黑熊帶來嚴重的災難，僅號稱中國南方最大的養熊基地「歸真堂」，就有六百多頭熊，每年能繁殖上百頭小熊。二〇一二年，「歸真堂」即將上市的消息傳出，意謂著熊膽產業將會更為規模化地發展，引發了許多中外人士的抗議。針對歸真堂擬上市受阻一事，中藥協會會長房書亭表示：「取膽汁過程就像開自來水管一樣簡單，自然、無痛，完了之後，熊就痛痛快快地出去玩了。我感覺沒什麼異樣！甚至還很舒服。」[5] 引發輿論譁然。然而，動物保護的聲量之於政府政策和產業，卻仍如蚍蜉撼大樹。

## 小熊，從何處來？到哪裡去？

一份深入中國各地養熊場的調查報告《中國熊場的真相》顯示，初生的幼熊並不直接用於取膽，而是要日復一日接受動物表演的訓練。在調查人員訪視的養殖場中，就有三家密集訓練小熊進行表演。牠們在兩、三個月大時就被帶離母親，熊場宣稱這是為了讓幼熊習慣與人接觸，以方便日後抽取膽汁，也鼓勵遊客逗弄小熊及合照，作為促銷熊膽製品的手段。為了讓原本用四肢行走的小熊能夠長時間站立，馴獸員會在牠們的脖子套上鐵鍊，緊緊地靠牆吊高，宛如罰站，讓小熊的後肢更有力量。另一種方式，則是燒傷牠們的前掌，讓小熊的前掌一著地就疼痛，不得不只靠後腿站立。接著，馴獸員會在地上用寬膠帶貼上兩道線，要求小熊只用後肢行走——左腿走一直線，右腿走另一條直

福建省歸真堂養熊基地的活熊取膽現場。
（2012 年 2 月 12 日，章軻攝）

線。等訓練到一定程度，就讓小熊走鋼索。除了讓年幼的黑熊走鋼索，牠們也被馬戲團用於拳擊秀、轉火把等表演項目。在小熊達到兩歲半至三歲時，就會開始被取膽汁。[6]

二〇一〇年前後，我到深圳野生動物園調查。在一個號稱上百種物種、上千隻動物同台表演的大型廣場，我注意到正上方數十公尺處有著兩條鋼索。原來，那是讓黑熊在高空騎自行車的軌道。然而，黑熊哪裡去了呢？工作人員說：「熊摔下來，受傷了。」我還想詢問詳情，但他們不願多談，匆匆離開現場。當時在該動物園官網首頁，就能看到這場表演的照片，在觀眾的注視下，黑熊沒有任何防護。從高空摔落下來的牠們，經歷了什麼樣的疼痛，又是否得到救治，我們不得而知。

由莽萍教授成立的「中國動物園觀察」（China

# 中國的「野生動物園」

1992 年，中國政府發布《中華人民共和國陸生野生動物保護實施條例》，其中多項條款為野生動物的商業性利用打開了合法的大門，極度擴展了利用的範圍。例如第 22 條規定：「馴養繁殖國家重點保護野生動物的，應當持有馴養繁殖許可證。以生產經營為主要目的馴養繁殖國家重點保護野生動物的，必須憑馴養繁殖許可證向工商行政管理部門申請登記註冊。」導致在 1993 至 2003 年的十年間，中國出現了近三十家以企業方式營運的「野生動物園」；在商業利益的驅動下，人們缺乏動物保護意識，馬戲團馴養野生動物也增多。「中國動物園觀察」自 2003 年以來超過十年的田野調查，發現 95% 以上的中國「野生動物園」有動物表演。

Zoo Watch）曾於二〇〇三至二〇〇四年走訪國內的野生動物園，調查餵食猛獸活體動物的表演秀，並完成《中國野生動物園調查報告》。當時，這些美其名為「野化訓練」的活動，實際上是血腥的表演，以遊客付費購買活雞鴨、牛羊以「投餵」飢腸轆轆的獅、虎等肉食性動物。同一頭牛羊甚至會被「反覆投餵」，因為這些人工飼養的猛獸多半缺乏捕食技巧，無法把獵物殺死。在幾回撲騰下，牛羊身上布滿一道道血痕，接著工作人員再將這些未死的牛羊抓回，等待下一個付費的遊客再次「投餵」。這種殘忍的活動，引起許多民眾的反感和不滿，在報告發布後，大型動物的投餵基本上已不存在，但投餵活羊的情況還偶有發生，雞鴨等禽類投餵的情況則仍相當常見。劉曉宇是一位較我更早加入這個團體的朋友，我們與其他夥伴一同田調的那些年，每到寒暑假、六一兒童節或春節連假，就會到北京郊區的八達嶺野生動物園等地觀察動物展示和表演的情況。

## 八達嶺的小熊還在那裡

調查活動並不隱密，我們所能看到的與一般遊客無異，但與遊人的喧囂和掌聲不同的是，似乎僅有我們看見並試圖感受那些場上和後台的動物的痛苦。

八達嶺野生動物園裡有一頭表演用的小熊，牠的口鼻被橡皮繩緊緊綁住，每天要進行數場表演——躺在地上用腳轉火把、表演雙桿，或伏地穿過，或是用後腿跳過ㄇ字型的障礙物。曉宇和我用攝影機記錄下這些贏得觀眾歡聲雷動的表演。當一場數十分鐘的表演結束後，我們繞到舞台後方，就能看到在無人關注的角落，那些在舞台上表演的猴子、狼都被分籠關在一間水泥房。那頭小熊則在最靠窗的籠子裡，我們若是伸手穿過一層層的鐵柵欄就能觸摸到牠。

在一本以動物保護為主題的攝影集《俘虜》（*Captive*）中，攝影師記錄了一頭動物園裡的棕熊，那頭熊總是人立著，眺望牠無法觸及的遠方。在過去，動物園經常將熊圈養在「熊坑」，也就是一個小如坑洞般的地方，讓遊客能輕易俯看牠們。在現代動物園裡，熊坑已不多見，但是類似的圈養場所仍經常為了更方便管理動物、讓遊客能夠更容易看到牠們，而將熊圈養在低窪處。攝影師寫道，當攝影團隊去到動物園，這頭熊從這一頭走到那一頭，

黑熊高空單車表演，下方完全沒有防護措施。我前往調查時，園方表示，由於黑熊從高空墜地受傷，已暫停表演。（深圳野生動物園官網圖片）

1
2

1. 八達嶺野生動物園的小熊表演轉火把。（2011 年 10 月，劉曉宇攝，中國動物園觀察圖片）

2. 日子一天天過去，八達嶺的小熊還在那裡。（2012 年 6 月，《今日周刊》記者提供，中國動物園觀察圖片）

站起來看一看，然後再從那一頭走到這一頭，再人立起來向前方注視。遊客要是願意僅僅花上一個鐘頭，待在那裡觀察那頭熊不斷做著同樣的事，也許就能體會那種苦楚。有些動物園中的動物可能要在那裡待上二十年、五十年，甚至七十年，「沒有關於保育或教育的論述，值得這種犧牲」。[7]

如果人們不是走馬觀花，宛如蒐集郵票般希望在動物園裡「看到愈多動物愈好」，而是有點耐心在籠舍前停留久一些，也許就能注意到這些動物日復一日所面臨的單調生活環境。我和曉宇年年目睹的這頭八達嶺野生動物園中的小熊就是這樣。每次去看牠時，小熊都友善又好奇地盯著我們，用雙手攀住柵欄，試圖更靠近窗邊。每去一回，小熊就長得大一點，但是，幾年過去了，牠仍然是頭小熊。曉宇和我說，調查過那麼多動物園，看過那麼多動物，這頭小熊是她最無法忘記的。不知道會不會有哪一回，我們再去的時候，小熊眼中會失去神采、失去對外界事物的好奇？就像台灣公私立動物園中的動物一般，對任何刺激都不再有反應，又或者，如英國藝術史學者約翰．伯格（John Berger）所說的，牠們沒有可以反應的對象，遊客「隻身前往動物園，在注視過一隻又一隻的動物過後，會感覺到他自身的孤單」。[8] 可怕的現實是，再過幾年，當這頭小熊不再適合表演時，也許就會面臨被抽取膽汁的宿命了。

在北京生活的某一晚，我做了一個夢。夢中的我來到一座動物園，在玻璃櫥窗的後面，有一個渾身赤裸的人被鐵鍊鎖著，仰躺在地動彈不得。人們在他的肚子上開了一個洞，黃綠色的膽汁從中汩汩流出。我身邊的遊客說：「太慘了，要是有比這更殘忍的事，我就不能接受了。」夢醒時分，我不禁感到悵然。人對待動物的殘忍舉止還不夠多嗎？什麼樣的殘酷，才是極限、才足以引起公憤呢？如今在種種虐待和殘害面前沉默的人，到什麼時候才會出聲？

## 黑熊庇護所

在四川成都的龍橋，有一個由英國人謝羅便臣（Jill Robinson）創立的黑熊庇護所，收容了數十頭從大大小小的養殖場贖回的黑熊。透過紀錄片《月亮熊》，人們可以得知，除了企業化的養殖場，在中國也有家庭式籠養熊，經受著每天被抽取膽汁的折磨。在這些農村家庭的後院，熊被關在只比牠們身體大一些的籠子中，這種如棺材般的設計，方便業者收集熊膽汁，因為黑熊確實已無處可躲。當這些業者不想再養熊時，有些地方政府就會聯繫這家庇護所，由後者提供一定的「幫助業者產業轉型」的費用——實質上就是為熊贖身——然後將熊轉移到這裡。

當我參觀這個庇護所時，發現每頭黑熊身上都帶著獨一無二的故事。已故的安德魯是在二〇〇〇年最早被解救的三頭熊之一，來到這裡時，牠的左前掌已經斷了。但更令工作人員印象深刻的是，當前面的一頭黑熊被卸下卡車時，大家發現安德魯躺在自己狹窄的籠子裡，竟然獨自玩起了籠子上的繩子。謝羅便臣回憶道，經過悉心治療，康復後的安德魯表現出了活潑友善的天性，是每個人、每隻熊的好朋友。牠在園區幸福地生活了五年後，因為肝臟嚴重病變，獸醫團隊不得不實施安樂死。如今，走訪園區的遊客可以看到安德魯的雕塑仍在這裡陪伴著大家。[9]

在庇護所裡，數頭黑熊共享遠比養殖場和動物園寬闊的草地。牠們在戶外園區時，彼此的距離並不遠，這些本來應該在野外獨居的龐然大物躺臥在彼此的身邊，不時互相抓抓撓撓，很是愜意的樣子。我也參觀了為其準備食物的工作區域。工作人員準備了花樣百出的「豐富化」食器，在裡面塞入食物，目的是讓熊的行為更豐富，吸引牠們多花一些時間、動動腦筋才能取得各種點心，減少生活中的苦悶和無聊。

庇護所展示的資料圖片裡，另有一頭個子矮小的熊，從小住在籠中，因此身體長成了近似正方形般的侏儒模樣。展場的一角還展示著熊曾經穿在身上的鐵馬甲，這是一種

1
―
2

1. 庇護所中的熊各有著不同的個性，有的喜歡獨居，有的則能適應群體生活。
2. 曾經穿戴在黑熊身上的鐵馬甲，用於收集膽汁。

養殖場裡的熊常穿戴在身上的裝備，能讓熊無法扯掉身上的管線。有些鐵馬甲穿上後，胸前還有一個尖銳的鐵條向上延伸十多公分，直指咽喉，讓熊無法低下頭破壞這個穿在身上的囚籠。

我想，沒有一個人會真的想成為被活體取膽汁的熊，然而，這卻是人們對待牠們的方式。我那一次前往四川，其實是為了研究大熊貓，才順道走訪黑熊庇護所。同為熊科動物，前者受到舉世追捧，後者卻從小被訓練表演、長大被活體取膽，老死後多半被人分食。人們對不同動物的態度實在相差太遠，如果有一種存在生來就是要受苦的，我想那就是亞洲黑熊（還有其他種種動物）了。動物的地獄正是人間。

令人感到欣慰的是，有愈來愈多人起身撻伐養熊業。二〇一二年，香港八百多位民眾參與了反對「歸真堂」上市、呼籲政府取締活熊取膽業的遊行。[10] 當我在二〇一七年參加牛津大學以皮草為主題的動物倫理學研究年會時，驚訝地發現晚宴致詞嘉賓——資深演員彼得．伊根（Peter Egan）的領帶上就印著亞洲黑熊！當這位年逾七旬的英國紳士用他低沉的嗓音講述人們是如何虐待熊，另一群人又是如何拯救牠們時，他向上天舉起雙手，振臂激動地落淚。「懷有同情的想像沒有界線」（There are no bounds to the sympathetic imagination.），諾貝爾文學獎得主柯慈（J. M. Coetzee）在小說《動物的生命》

（*The Lives of Animals*）中寫道。直到這時，我方才知道流淚可能出自高尚的情懷，為動物的苦難而悲傷難過不必感到害羞。牠們的處境永遠值得人去關心、值得我們投身於此，讓人為牠們遭受的悲慘命運而哭泣，也為牠們終能從痛苦中解脫而感到歡欣。

我知道大象的記憶可以維持很久，曾經受過創傷的象，可能在數十年後才向人類報復。那麼，黑熊呢？庇護所中的黑熊在悠閒的生活中似乎已然忘卻往日的苦痛。牠們配合工作人員的指示進出室內外的欄舍，見到生人也沒有恐懼和憤怒的樣子。如果我是熊，也許做不到這樣，而是整天想著如何對人類進行最恐怖的復仇吧！身為人類，動物能夠教導我們的事，實在太多了。面對位於庇護所一角的黑熊墓園，我致上心中不知從何處而來、只因為我也是人類的一員而感到的悲傷與歉意。

## 走進「愛心大世界」

如果說，大多數民眾無法同意「活熊取膽很舒服」的說法，那麼，動物展演中的動物是否快樂、動物又是否該待在動物園呢？這些問題，也許不那麼容易回答。充斥了歡聲笑語的舞台，真的是虐待動物的場所嗎？走入動物園的遊客，就是傷害動物的共犯嗎？

黑熊庇護所的墓園。紀念碑上有一隻和蝴蝶玩耍的小熊雕塑。

北京大學有許多來自韓國的留學生，我所在的藝術學院也有幾位。起初，我與他們沒有什麼交集，但是韓國ＳＢＳ電視台到河北拍攝的皮草動物被活剝皮的調查影片，意外牽起了我和韓國的緣分。我寫信給幾位素昧平生的韓國同學，詢問他們是否能幫忙翻譯節目字幕，僅收到一位我原先以為最不可能回覆的同學回信。這位同學名叫洪承延，看起來低調簡樸但氣質出眾，話不太多，中文表達和書寫也比較不流利，但是說的話總是切中要害。認識久了以後，我知道她的個性堅毅獨立，總是能明辨是非對錯，和柔美的外表有著很大的反差。她協助翻譯了這集「動物農場」節目，並且主動將她看到的動保節目都和我分享。好幾次，我們一邊在五環邊上白領出沒的素食餐廳喝下午茶，一邊看著這些或呈現「動物囤積症」問題、或探討韓國狗肉文化的節目。一回，她分享的韓國記者在中國海南島調查動物表演的影片引起我的注意。

那一集節目名為「表演動物的影子」，在平時一天就有四千名遊客到訪的「南灣猴島」拍攝。那裡圈養的猴兒能夠演出的節目很多，除了中國常見的呈現猴子古靈精怪、欺負馴獸員這類安排好的橋段，還有猴子騎單車、爬竿、踩高蹺、表演翻騰的技術，以及到桿子上刺破氣球、在圓筒上倒立平衡，和山羊走鋼索而猴子在羊角上倒立等各式各樣的節目。鏡頭敏銳地捕捉了在場外等待上場的猴子受傷了，卻不需要馴獸員的信號，就知道輪到自己登台演出的順序。後台一個個小鐵籠中，猴子連腿都無法伸直，脖子緊緊地被鎖上鐵鍊。當記者靠近牠們，猴子看來非常驚恐不安，不僅威嚇記者，也隔著籠子對旁邊的同伴施以拳腳。一頭名為皮克（Picker）的六歲母猴抱著寶寶進行自行車訓練，然而牠的表現令馴獸員很不滿意。回到後台，一名馴獸員抓住小猴，另一人抓住皮克，強行分開牠們，並且把這位猴子媽媽帶回舞台。皮克聽著孩子的哭喊，勉強來到表演場，雖然自行車騎得比較好了，卻往後台的方向騎去，最後拖著比自己的體重還重的自行車回到鐵籠裡和孩子團聚。當馴獸員失去耐心，開始打牠耳光，挨揍，是牠日常生活的一部分。訓練結束後，猴子吃的東西是一點點被胡亂塞進籠中的白飯，猴寶寶自己撿了飯吃著，也把食物舉到母親嘴前，希望媽媽能吃一點。然而，即使飢餓，這名驚恐的母親仍不願吃飯。可悲的是，皮克的孩子也將走上牠的命運。

工作人員表示，在這個「愛心大世界」裡，動物一天要演出八場節目，全年無休。當訓練結束，就得上場表演，如此這般，反覆無止。旁白說出了我們不願意知道的真相，「動物就是賺錢的工具，可以隨意地毆打」。這樣的影像令我和動保夥伴感到驚訝和難過，我想，沒有一個正常人能在這段母子被強行分離的畫面前不動容。我們將影片翻譯後放在網路傳播，並且在二〇一二年推動「北京——無動物表演城市」倡議的新聞發布會上播放。由各城市的住房建設部（簡稱「住建部」）管理的「城市動物園」所組成的中國動物園協會，也支持我們反對動物表演的訴求，一步又一步地，北京等地公立動物園裡的馬戲表演漸漸減少了。然而，由於各地私人營運的動物園不屬於住建部管理，《野生動物保護法》實際上也是一部將動物視為資源的「資源法」，而不是基於動物保護立場而制定的法律。因此，要幫助為數眾多的被用於展演的動物，可謂難上加難。

數年後，「中國動物園觀察」的夥伴前往南灣猴島，當年電視台記錄的猴子表演依舊如常。我不禁想著，那一年節目畫面中的小猴，是否已是如今登台表演的猴子呢？

遊客來到動物園的動機，一定程度上是喜愛動物的。然而，動物為此承受了一輩子的折磨。人們如果不真正理解和重視動物的所需，所給予的關注就可能是一種致命的「愛」；另一方面，許多動物的模樣確實憨態可掬、令人忍不住想多看兩眼，這卻也導致牠們一生的囚禁，成為一種致命的「可愛」。

| | |
|---|---|
| 3 | 1 |
| 4 | 2 |

1. 深圳野生動物園裡，遊客向猴子提供香菸。（2011 年暑假，胡春梅攝，中國動物園觀察圖片）
2. 遊客給山東青島動物園裡的熊喝汽水。（2011年，管浩然攝，中國動物園觀察圖片）
3. 武漢九峰野生動物園的老虎走梅花樁表演，背景諷刺地掛著「王者風範」看板。（2013 年 6 月，莾萍攝，中國動物園觀察圖片）
4. 北京大興野生動物園裡，一個類似掃帚的工具抵著被綁住的孔雀尾部，強迫開屏。（2011 年 5 月，劉曉宇攝，中國動物園觀察圖片）

王者风

Column

## 動物園應該存在嗎？
## 科學家無法回應的哲學問題

你想住在動物園嗎？動物園裡的動物快樂嗎？動物園，是為了動物，或是為了人而存在的呢？

在北京生活時，我參加了莽萍教授主持的民間團體「中國動物園觀察」。在這個小小的非正式團體中，較為固定的成員其實只有少數兩、三人，但是前後數年間，有四十多位大學生志工和我們一同利用寒暑假回到各自的老家進行展演動物田野調查。我也趁著出差的機會，走訪新加坡、英國和歐洲的動物園；在日本的動物權利中心實習時，我和同事一起在動物園、水族館進行田調，參與反對捕捉野生海豚和展演的陳抗；在台灣，公私立動物園、休閒觀光農場，也是我和夥伴經常走訪的場所。

動物園的廣告及看板總是傳達出一種歡樂的氛圍，馬戲場上也常放著震耳欲聾的音樂、急切的節奏，似乎總有什麼精彩的內容在此上演。然而，在這些場所，我往往感受到一種深沉的悲哀，因為大多數觀眾似乎對舞弄在動物眼前的火把、牠們身邊落下的皮鞭、大象敏感耳朵旁的象鉤（由一個鉤子和六十到九十公分的手柄所組成，自古以來都是馴象人的常用工具），還有動物脖子上的鎖頭和背負的鐵鍊視而不見。馴獸員經常攜帶一小袋食物，在動物完成表演後餵食，然而，那並非是一種真正的獎勵，而是讓動物挨餓時奮力耍把戲才能換取的一點點溫飽。

在中國遊客可以開車進入的野生動物園猛獸區，不僅遊客對「不可下車」的標誌視若無睹，工作人員同樣漫不經心。我多次見到工作人員敞開車門在烈日下呼呼大睡，而虎、獅等動物就在他們身邊不遠處。我實在不知道是否該喚醒這些人，又擔心自己的舉止驚動了動物，導致嚴重的後果。動物園中猛獸殺人的悲劇層出不窮，民眾往往忽視眼前動物的痛苦，也對可能面臨的危險缺乏警覺。

有一句諺語提到，通往地獄的路，往往由普通人的善意所造就。動物園正是某種霸凌動物的現場——如果說，動物是受害者，業者與馴獸員是直接加害者，那麼遊客就是讓這個結構得以存在的旁觀者。在這些動物園裡，「動物合影」可說是最受大小朋友歡迎的收費活動了。在評價甚高的新加坡動物園入口不遠處，與鸚鵡拍照的收費活動，總是令遊人排起長長的隊伍。工作人員並不諱言，他們將鸚鵡剪羽，失去了飛行能力的鳥不需要鎖鍊，想飛也飛不走。

杭州動物園裡的展演大象在後台。
（2012 年 11 月，莽萍攝，中國動物園觀察圖片）

日本有八座專門展示熊的動物園，其中之一是位於秋田的熊牧場「熊熊園」（くまくま園）。我前往「熊熊園」田調時，在一個「熊坑」式的地方見到了一頭巨大的熊。展示牌以可愛的方式介紹這頭熊名叫「花子」，曾經演出電影、電視劇，當小朋友開心地喊著牠的名字時，「花子」卻沒有任何反應。牠的身邊有一些遊客投下的花生米，但這些食物也引不起牠的興趣，「花子」只能待在這個反應了成語「坐井觀天」的坑洞裡。我很難想像，這是一頭曾帶給無數電視機前的觀眾歡樂的熊，同樣地，我也很難相信來這裡看「花子」的遊客是真的在乎牠。而在著名的嵐山猴子公園（Monkey Park），遊客會進入一個宛如大籠子般的房間，購買蘋果或高熱量的花生米，隔著鐵絲網餵食所謂「野生」的猴子。這些看似對動物傷害不大——不少人甚至覺得這對動物帶來好處——的場所，其實也並未考慮動物福利、試圖降低人們帶來的負面干擾。由於業者往往想盡可能賣出更多食物，因此花生米的供應完全沒有上限，猴子也不願再待在山裡覓食，而是便宜行事地來到這裡大吃特吃。許多猴子胖得身形完全走樣，體態臃腫，產生健康疑慮。

許多動物展演業者聲稱，他們提供了遊人觀賞動物的機會，讓民眾更加認同「保育」野生動物的價值。但是，從吸引猛獸靠近遊人以取得活體動物的「野化訓練」，到迫使動物做出種種不自然行為的「動物表演」，再到強行分離動物母子才能取得幼獸的「動物合影」，還有動物餵食秀、遊客的餵食體驗等，都很難令人相信，這類場所真的發揮了「保育教育」的功能。

海豚無法用牠上揚的嘴角告訴人類牠不快樂、正在服用抗憂鬱藥物；老虎不能用張大的嘴巴讓人懂得那是痛苦的哀鳴，而非威嚇。在山東威海西霞口神鵰山野生動物園，只要遊客接近，馴獸員就命令這些刻意培育出來的、基因帶有缺陷的白虎張嘴做出恫嚇恐怖的模樣，邀請遊客騎虎拍照。鮮少人細看那些老虎的嘴裡空空如也，銳利的爪、牙早已被拔去。[11]在觀眾的掌聲與笑聲背後，這種殘酷的對待方式乃是家常便飯，二〇一〇年，瀋陽森林野生動物園甚至陸續餓死十一頭老虎。[12]圈養老虎和黑熊一般，被用作拍照、展示、表演及其他用途，牠們的數量在中國達五千頭，屍骨的去向不明，很可能流入市場被人們吃下肚。與此同時，中國的野生虎只有十至二十頭，遊走於中俄邊境。圈養環境終究無法滿足這些大型動物的動物福利，這種情況和美國圈養虎的現象殊途同歸。讓野生動物留在屬於牠們的自然環境，是我們能為動物做的最好的事。

不少業者聲稱，動物園為動物保障了食物來源和醫療資源，牠們的動物福利比野外更高。然而，暫且不論動物園中的動物經常有各種各樣的身心疾病和刻板行為，遊客看見的往往是不健康的動物，以此也消解了可能傳達給公眾的自然科學知識，除了動物福利的科學性問題，展演動物實際上涉及的是對於生命觀的思考——我們要選擇一種怎麼樣的生活？動物有沒有選擇的機會？我更相信，野生動物應該身在自然環境中，如北京大學潘文石教授形容的：「大貓熊歷經數百萬年的演化而生存至今，並不是為了在動物園裡取悅人類，……大貓熊需要生活在牠們的自由王國裡，在那裡經風雨，見世面，在那裡自由覓食，追求愛情；在野地裡生，野地裡死。」[13]我想，不僅是大熊貓，所有的野生動物都應該擁有這樣生活的權利。

知名的熊明星花子在日本秋田縣阿仁的熊熊園。

1
2

1. 北京大興野生動物物園中被染色為大熊貓模樣的狗。（2011 年 10 月，梁中袁攝，中國動物園觀察圖片）
2. 北京大興野生動物物園中被迫與遊客合影的幼猴。這些與幼小動物合照的收費活動經常持續一整天，動物沒有休息時間和飲食等基本照顧。（2011 年 10 月，梁中袁攝，中國動物園觀察圖片）

1 直到寫作這本書，我在網上搜尋當年看到的那頭熊的照片，才知道牠的名字是「成都真相」。此網址就有我當年看到的那張照片：http://news.sohu.com/20090916/n266768816.shtml。

2 〈越南破獲熊場／台灣人非法飼養 榨取熊膽汁〉，《自由時報》，2010 年 1 月 23 日。https://news.ltn.com.tw/news/focus/paper/368586

3 亞洲動物基金創辦人謝羅便臣部落格，2010 年 1 月 5 日。https://pse.is/49yw4k

4 〈黃信陽：關於在全國範圍內停止活熊取膽業議案〉，「騰訊新聞」，2011 年 3 月 8 日。https://news.qq.com/a/20110308/001847.htm

5 〈中藥協會會長房書亭：養熊是保護野生熊的最佳方式〉，「央視網」，2012 年 2 月 16 日。http://news.cntv.cn/china/20120216/121145.shtml

6 《中國熊場的真相》由台灣動物社會研究會出版發行，英國世界動物保護協會（WSPA）贊助，2000 年 11 月。完整報告：https://www.east.org.tw/sites/east/files/content/upload/File/03/03~3-1-1.pdf。

7 Jo-Anne McArthur, *Captive*（New York: Lantern Books, 2017）, pp.158-159.

8 約翰·伯格，〈為何凝視動物？〉，《看》，桂林市：廣西師範大學出版社，2005 年，第 23–26 頁。

9 〈安樂死 眾人淚別可愛"明星黑熊"〉，《華西都市報》，2006 年 2 月 10 日。http://news.sina.com.cn/c/2006-02-10/04238167041s.shtml

10 〈法律應隨著道德進步而修改——記「立法禁止熊膽製品輸入香港」遊行〉，「獨立媒體」，2012 年 4 月 1 日。https://pse.is/4akkhx

11 浙江溫嶺動物園馴獸員「訓練」老虎與人合照的過程，充斥打罵虐待。在這些所謂「訓練」下，老虎已被折磨得幾乎沒有任何反應能力。https://www.youtube.com/watch?v=vsPKe95KRi8

12 〈瀋陽動物園 11 隻東北虎餓死之謎〉，「南方都市報」，2010 年 3 月 23 日。

13 潘文石，《呼喊春天：貓熊虎子與我》，台北：遠流出版社，2006 年，第 148 頁。大熊貓（the giant pandas）在台灣習慣稱為「大貓熊」，兩者實為同一物種，本書因維持專有名詞的完整性，通稱「大熊貓」，然而參考文獻及引文皆以該著作之原文顯示。

Chapter
2

# 歐洲收容所裡的夢想家

## 現代動保的起源與發展

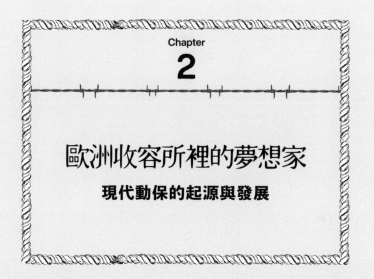

我身邊學習藝術或關心動物保護議題的友人，大多都對歐陸和英國有所嚮往。還記得二〇一〇年前後，得知不少台灣的年輕人嚮往到歐洲從事動保工作，我心想：「應該要到更為困難的地方工作才對吧，那裡的動物更需要你們。」然而，在那之後不久，我卻踏上了在英國、法國、荷蘭等地參訪動保機構和實習的旅程。

## 被遺忘的蹄印

到達倫敦後，我住在蘇佩芬老師距離希斯羅機場不遠的家，隔日與她一起到馬信託基金（The Horse Trust）參觀。這是一處馬兒的庇護所，我在數十個馬廄中見到許多安然悠閒的馬兒，牠們不時側過頭看著我們兩名訪客。我很高興自己並不對馬構成威脅或造成不安，因此牠們才會在我們前面躺下休息。這些馬看起來漂亮又壯碩，和我在日本庇護所見過的較為躁動、毛髮也較為散亂的馬匹大不相同。我好奇牠們怎麼會來到這裡，是否又有人想領養牠們？

許多人認為英國是當代動物保護運動的起源地，初來此地，我不免帶著朝聖般的心情。然而，英國的動物保護運動較為先進的事實，不能簡單地歸因於美德情操或文化差異，

馬信託基金有著一望無際的草原，馬兒自由自在，可以夜不歸營。

而要回到十九世紀工業革命，以及更早的農業革命時期，動物受到嚴重的虐待、身體改造、被迫勞動的歷史情境。學者李鑑慧研究這段時期社會動員中的動物處境，揭示了許多不為人知的悲慘故事，同時強調動物在此期間的重大犧牲和貢獻。其中，最令我印象深刻的是採礦小馬的故事。

英國工業革命時期的採礦業使用包括蘇格蘭席德蘭群島的席德蘭小馬（Shetland ponies）、英格蘭與威爾斯的矮種小馬等品種，統稱為「採礦小馬」（pit ponies）。這些小馬的身長約在一百公分，可於低矮礦坑中勞動，負重能力也很好。十九世紀後半葉，英國女性和兒童權益陸續受到保護而從採礦業退場，更使得小馬成為礦坑所仰賴的重要勞動力。一八七六年，英國約有二十萬匹這樣的小馬投入工作，直至二十世紀初期，還有七萬多匹待在礦坑裡。礦坑中充斥著煤塵且通風不良，路面崎嶇不平，整體環境黑暗低矮，無論是人或動物都容易受傷，此外還存在高溫與潮溼、沼氣爆炸、礦坑坍塌等威脅。李鑑慧寫道：「長期的負重，亦往往使得馬頸因項圈的不斷摩擦與重壓而磨傷、發炎。煤礦業本以工作層級分明及粗暴工作規訓著稱，霸凌狀況層出不窮，踢打虐待小馬的狀況也因之時有所聞，而霸凌者通常為與小馬工作上有著最直接接觸且同受霸凌的童工或青少年。」她列舉出一些虐待案例，可怕的程度在今天足以成為全國新聞，在此不多詳述。

更加令我難過的，則是動物經受的日常虐待和折磨：這些小馬不時遭到拋棄、多日沒有水和食物。由於終生處於黑暗，突然離開礦坑環境極可能會失明，行為也難以控制。到了要再次入坑的時候，小馬往往拒絕入洞、奮力抵抗。在某次動保團體介入救援的案例中，一匹達特摩爾（Dartmoor）小馬生活在地底長達二十年後，才首次見到光明。[1]

## 馬信託基金

不同於往昔的礦坑小馬，現在的英國民眾更常把馬作為同伴動物或是休閒工具。「馬在社會中，就是自行車的概念。」為我安排參訪的佩芬老師這麼說，她在英國已住了近二十年。每個人對自行車有不同的需求，男性和女性又有不同的體型和身高條件，孩童

# 呂碧城和《歐美之光》

1822年，英國通過了俗稱「馬丁法案」的「對待牲畜法案」，此後更陸續推出其他動保法律。我們可以說，正是因為這裡的動物曾經受到嚴重的虐待，於心不忍的人們才紛紛投入了動物權益運動。來到英國的一些外國人受到這些觀念的影響，回到母國時將這種理念和行動力一併帶回，醞釀為各有特色的動保活動。其中，中國詞人呂碧城在旅居歐美數十年後，寫作《歐美之光》一書，描述了她在歐美的動保見聞，痛陳中國忘記自身善待動物的護生文化。1933年，她在上海促成了「中國保護動物會」的成立，可說是近代中國動保運動的開端之一。

和青少年則隨著年齡成長，經常需要更換車輛。如果馬相當於自行車，那就可以理解為何不適用的馬會被轉讓、淘汰和拋棄了。

要想好好照顧一匹馬，不僅需要經常為牠梳理和刷洗毛髮、修蹄，食物和配套用品也所費不貲。如今，馬除了是中產階級的象徵，也被塑造為展演用的競技者，在英國，每年賭馬賽季更是全民樂透式的狂歡節慶。然而，無論在哪個國家，表現不佳或是年紀漸長、體能衰退、排名下降的退役馬匹，都經常淪為肉用食材。在日本和法國，都不時能見到馬肉產品，甚至是給嬰兒食用的馬肉罐頭；在台灣，馬油亦早已常見於市

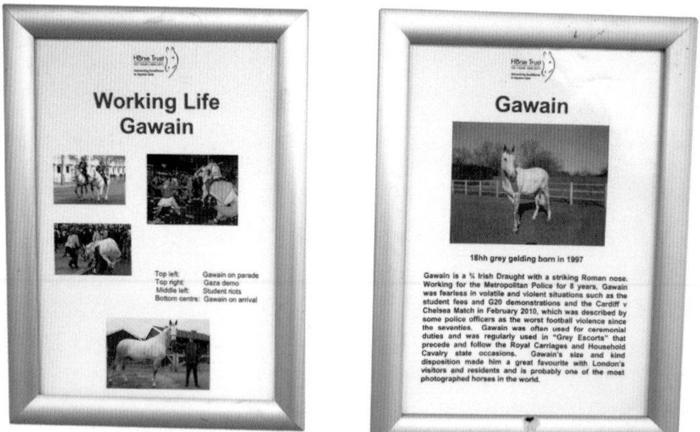


在馬信託基金的每個馬廄都有馬兒的介紹和牠們的履歷。這匹名為加文的馬曾參與遊行，並在群眾陳抗和騷亂現場出勤。

面。想及牠們昔日曾有家庭疼愛、在賽場上接受歡呼喝彩，令人不勝唏噓。但也正因如此，才有了我所訪問的庇護所，專門收容不再有產能、不再帶來價值的馬兒，讓牠們在此頤養天年。

幾個馬廄的門上貼有卡片，介紹住在這裡的馬兒生平。牠們之中，有的是以前逼退過足球流氓的警馬，有的是英國女王的馬兒的「陪伴馬」，而且都有當年風光執勤時的照片——英國的動物福利歷史悠久、無微不至，連馬兒需要有伴的事情都想到了，堪稱設想周全。「陪伴馬」一生的工作就是陪伴女王的馬兒，「退休」後則來到這裡，真是幸福呀！

那時我正在放暑假，雖說是夏天，卻有些陰溼寒冷，許多馬廄空空如也，令我感到有些奇怪。是不是英國社會已經沒有太多馬需要收容呢？畢竟在我生活的中國北方，流浪狗也已不多——早就被人吃完了，我不免將過去的經驗代入眼前的情境。帶我參訪的年輕女孩領著我行經一望無際的山丘草原，遠處有兩、三匹穿著雨衣的馬，我方才知道，目光所及之處都是庇護所的範圍。馬兒大多時候都自由地在室外玩耍，在無盡的美景中夜不歸營。以往想到收容所，腦海裡總浮現一些沒人疼愛的可憐動物，但在這裡，我卻能感受到牠們已經找到安身立命的家園。

## 無微不至的收容所

此後數週，我在倫敦一帶的狗信託基金會（Dogs Trust）、綠林動物收容所（Wood Green Animal Shelters）和梅休動物之家（The Mayhew Animal Home）等處參訪，並加入為期數日的實習操作，與工作人員一起朝九晚五清理犬舍、遛狗。

許多人也許和我一樣困惑，「英國，不是沒有流浪動物嗎？」詢問之下，我才知道這裡的動物多半來自西歐、東歐和南歐，除了因為氣候溫暖的條件有利於繁殖，也因為這些國度的流浪動物問題嚴重得多。英國本地等待領養的貓狗，則多半是因為飼主死亡，或者其他特殊原因而不得不被放棄。由於貓狗體內已植入晶片，掃描後就能在系統中找到已完成寵物登記的飼主資訊，因此走失的動物很快就能在人們的幫助下回家。

在那些日子裡，我一邊清理犬舍糞便和貓砂盆，也為每隻動物放飯。我總是驚嘆於各個收容所細緻明確的分工，除了考慮到每隻動物的食量和喜好的差異，還有牠們各自需要的藥品和保健食物。在位於倫敦市區的梅休動物之家，每隻狗一天要散步四次，且路線不同、帶狗散步的志工也不一樣。這都是為了讓牠們擁有更多認識人和環境的機會，使狗生更豐富有趣。收容所為犬隻準備了水泥地、草地和砂土等三種地面，好讓動物能適應家庭生活，每隻狗每天在不同的地面都得待上十幾二十分鐘。更不用說，所有狗兒都有自己的房間（經過評估後，有些狗可以和牠的好朋友狗一起住），裡面皆配備了小型桌椅、地毯、書架，電視開著或播放廣播——這是為了讓動物適應人居環境各種各樣的聲音，使牠們能更快融入家庭。

這樣的工作環境令人安心，儘管我對狗並不熟悉，但一切事務都有妥善和系統化的安排。我也會和這些收容所員工分享在中國的動保見聞，畢竟他們總是好奇我來自哪裡，為什麼到收容所來實習——雖然這些地方永遠不缺志工，但像我一樣亞裔又是為此來英國的人並不多。我講述了在北京時到丁奶奶家當義工的事（後來那裡發生大火，許多貓都被燒死了），以及由毛澤東的侍讀蘆荻成立的中國小動物保護協會的經歷（由於收容所與地主的糾紛，後者以一天殺一隻狗作為驅趕該協會的手段）。中國的收容所經常設在隱蔽的地方，絕對不能讓外人知道確切位置，這與英國的收容所大不相同。

只是當我訴說這些故事時，卻感受到自己的經驗被陌生化的過程。我所說出的一字一句，距離此地是如此遙遠、疏離，彷彿天方夜譚，不僅聽眾無法理解我說的話，連我自己也不知道如何解釋。我想，我要做的事、等待幫助的動物，終究不是在歐洲。對我來說，與其當一個美好機構中的螺絲釘，在蠻荒中披荊斬棘無疑更有價值。

1
—
2

1. 在狗信託基金會的收容所中，狗舍的設計使每隻狗都可以看到訪客，壓克力門板上的孔洞能讓狗兒嗅聞訪客的氣味，門板上經常貼著小朋友寫給狗兒的信和各種創作。

2. 收容所中有著各種類型的活動空間，讓狗兒享受探索的樂趣。圖右宛如一個大型彈珠台，球可以由上坡滾下來，讓狗兒追逐，人也能和狗兒一同玩耍。

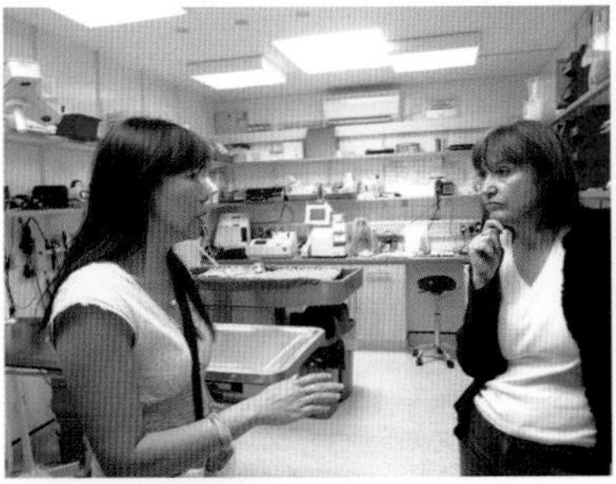

3 | 4
5

3. 行動亞洲創辦人暨執行長蘇佩芬老師（左）與我一起參訪位於倫敦市區的梅休動物之家，動物之家的理事帶著我們參觀小動物醫療房。

4. 動物之家的幼貓戶外活動區有小型桌椅、樹木花草及兒童遊樂設施，幫助動物社會化。

5. 動物之家的貓咪擁有各自的雙層房間。一樓供應食物、貓砂、玩具，還有進出用的貓門和落地窗，左後方是通往二樓的階梯，樓上有貓床，一間貓舍就像一個迷你的娃娃屋。

## 法國公主與〈廣島之戀〉

從中學開始，我就很喜歡歐洲藝術，特別是早期的黑白電影。張洪量和莫文蔚合唱的歌曲〈廣島之戀〉流傳甚廣，但並非每個人都知道從歌曲名稱到歌詞裡的情感糾葛，都來自法國的同名小說和電影——知名作家莒哈絲的中篇小說《廣島之戀》，描述二戰後一位法國女演員在廣島拍攝電影時發生的一段羅曼史，連音樂錄影帶都以黑白畫面和場景呼應了這部影史名作。在本次的見習之旅中，我最期待的就是到故事最重要的發生地、女主角的故鄉——位於法國中心的訥韋爾（Nevers）了。

當時正好是夏日，和故事發生的季節相似，我來到緹爾奈收容所（Refuge de Thiernay），一個別稱「公主收容所」的地方。伊莉莎白．克蘿伊（Princess Elisabeth de Croÿ）是一位在中年後致力於動物保護，也大力支持亞洲動保發展的公主。[2] 我和這裡的管理者阿米莉亞（Amelia）一同從巴黎坐火車抵達訥韋爾，一位收容所的員工開車來迎接。這名員工身上擦了香水，脖子上則繫著一條絲巾，這令我大感詫異。在我的印象中，動物收容所的工作人員往往留著俐落的髮型，身穿簡單的上衣、牛仔褲和球鞋，眼前這位彷彿剛從美容院出來的女士簡直讓我自慚形穢。來到收容所實習的我，只有一件穿在身上的白T恤和一條不換也不顯得髒的黑色長褲——畢竟我帶著拜訪各地機構時準備贈送的伴手禮，和兩個多月間往返歐洲多國所需要的東西，因此得盡可能減輕行李負擔。

一路上人車稀少，我恨不得將訥韋爾的風景盡收眼底，同時搜尋著與電影場景相似的景物。載著我們的小轎車駛入一處農莊模樣的地方，那裡有三棟建物，分別是收容所辦公室、穀倉以及公主的家。自那天晚上起，在阿米莉亞和工作人員都離開後，我便獨自住在那個大得令人緊張、彷彿別墅般的木造房子裡。如果想要上網，就必須走到對面的辦公室，裡面有一隻經常在我的耳邊尖叫的鸚鵡「洛洛特」、蒼蠅，還有令人頭疼的法文鍵盤。

在公主收容所的白天，我負責清理狗大便。這裡的活比較粗重，因為狗的數目較多，體型也大，一輛手推車都不一定能裝完所有糞便。狗兒也會欺生，看我弱不禁風，便會在柵門打開的瞬間把我撞開，衝出門享受片刻的自由。公主收容所不遛狗，但每隻狗（或兩隻狗）各享有一個大大的露天庭院。在我抵達的那天，阿米莉亞高興地說，一隻十多歲的老狗已經在收容所住了數年，本來大家都以為牠注定在這裡終老，想不到就在當天被人領養了。看大家興高采烈的模樣，我也覺得很快樂。我注意到許多狗的耳朵有奇異的缺口，在耳廓內側也有模糊的印記。原來，這裡有許多被拋棄的獵犬，獵人總是用不同的剪耳方式來區別狗的所有權，而表現不佳的獵犬常會被拋棄在荒野、吊死在樹上。

在這樣前不巴村、後不著店的地方，有羊、驢、狗、鳥、貓等一眾動物陪我度過漫長的夜晚。每天下午五點不到，工作人員就走光了，除了「洛洛特」會以粗暴的方式對我宣示牠的存在，這裡沒有半點親切的聲響。一回，我鼓起勇氣走入月黑風高的鄉間小路，看到一輪明月下，有人開著拖拉機收割穀物——即使是機械的馬達聲也令人感到溫馨，但我又覺得害怕，於是很快地離開了。在這個收容所，我還有一項任務是在入夜後關燈，然而打開穀倉時，裡頭的動靜很大，把我嚇得不輕。原來是我驚擾了蝙蝠和在麥堆上安睡的貓。

## 跨國領養台灣流浪狗

在公主收容所，我的工作包括幼貓的「社會化」。這是為了讓貓咪對人類更熟悉，也讓收容所更能掌握牠們各自的性格，以便更準確地匹配領養家庭。我的工作很簡單也很有趣，就是陪動物玩上半個多小時，並暗中觀察每隻貓咪，記錄牠們是不是怕生、彼此之間的關係如何、有沒有用牙齒咬我一口等等。

在法國訥韋爾的緹爾奈收容所裡，狗兒有很大的犬舍，
也有許多不同的物種。圖左很可能是被獵人拋棄的獵犬。

我在這裡的指導員是一名說法語的女士，她聽說我平時的工作並不是清潔收容所，卻來這裡當見習志工，覺得很意外。知道我來自台灣後，她說「我的狗也是」，讓我有些不敢置信。原來，那隻狗是她在十六年前從台灣領養的。一九九五年前後，台灣的收容所慘況名聲遠揚，如今還留存的影像證據顯示，當時有的收容所會把狗兒直接丟到井裡等死，有的則用電擊、浸豬籠等種種方式殺狗。英國的動保前輩喬伊・萊尼（Joy Leney）多次提起當年在台灣走訪各收容所時目睹的場景。

那時，台灣公立收容所的員工正把狗連同籠子浸到水槽裡，喬伊問他為什麼這麼做，那人回答「狗沒有叫，牠不會痛」。這樣的背景正是台灣流浪狗被跨國領養的原因。我笑著對指導員說：「不知道妳家的狗還聽不聽得懂台灣口音？」細想一下，也許我所說

## # 伊莉莎白・克蘿伊公主與台灣

伊莉莎白・克蘿伊公主是法國皇室後裔，出生於 1921 年的法國鄉間城堡（Château d'Azy），曾經三度來台為台灣動物處境奔走。比起城堡內的生活，她更喜歡四處探險，在三十多年間大量旅行，親眼目睹世界各地的災難與痛苦。在為各種人道和社會問題伸出援手的同時，她決定將餘生獻給動物福利運動。在台灣，她拜訪了行政及立法部門，遊說保護動物的立法工作，推動人道對待流浪動物。在她創辦的緹爾奈收容所，唯一可以自由進出公主「寢宮」的男孩是「板橋小王子」（Little Prince Pan Chiao），那是她十多年前在台北板橋收容所領養的小狗。[3]

的中文是狗兒前半生的惡夢吧。確實，我就來自這樣的國度，但也因為這樣的歷史機緣，我才在這裡，不是嗎？

## 安樂死的觀念衝突

收容所配合的獸醫每個星期二都會來到這裡為所有動物看病。起初我很期待這一天的到來，因為收容所裡的員工多半是年長的女性和同志，以及相較於人類、更喜歡和動物打交道的人，但獸醫則是位留著金色長髮、身材高䠷、遠看風度翩翩的年輕男子。當時有一隻貓媽媽在幾天前剛生產，我把貓舍打理乾淨了，熱切期盼醫師的到來，只是當他到了收容所時，我又得忙於整理狗舍與羊圈，無暇欣賞這位愛心動物醫生給動物看病。

年輕英俊的獸醫離開後，我回到貓舍，驚訝地發現小貓全不見了，只有貓媽媽在籠中驚慌失措，眼裡滿是惶恐。我詢問工作人員，小貓呢？牠們去哪兒了？然而，沒有一位工作人員會說半點英語，我從他們淡漠的表情中猜測小貓已被帶走了，但我很難想像才出生數日的小貓要被送到哪裡，心裡有著不祥的預感。我和貓媽媽一樣坐立難安，牠不停「喵嗚」、「喵嗚」地低吼，彷彿呼喚著小貓，我也如鯁在喉。直到下一次見到阿米莉亞時，我才確認牠們已被安樂死了。「墮胎和安樂死，不都是死亡？出生前死或出生後死，不都一樣嗎？讓母貓生下小貓，對牠的身體還比較沒有傷害呢！」她說。聽到這樣的回答，我啞口無語。

法國基本上是個天主教國家，墮胎往往是不能被接受的。這種情況延伸到犬貓等動物管理，作為重要的背景原因之一，我所在的收容所也不會為動物人工流產。我確信這裡的資源條件優渥，空間更是充足，大貓小貓加起來不過十多隻，要找家庭領養應該不難。歐洲各國動物保護發展的程度雖有不同，但整體而言可謂是全球當代動保運動的先進地區。比如在我剛離開的英國，要領養狗得先經過重重審查，工作人員還要實地走訪候選的家庭，確認家中所有成員（包括人和動物）都能接受新動物的到來，才有可能取得領養資格。在經濟條件方面，領養者的存款餘額也必須進一步確認檢視。更重要的是，一天中的八小時裡，動物都得有人陪——人必須是清醒的，睡眠時間不計入。另外，在假期間，領養者會如何安排動物？會不會安排保姆或是讓牠到別處寄宿？種種問題達百項之多。我實在想不到對待動物這樣用心的地方，會將一群健康活潑的小貓安樂死。

直到離開訥韋爾前一晚，那隻失去孩子的貓媽媽的眼睛都令人無法直視，至今我仍然記掛著她。

在法國圖盧茲附近的歐什舉行的犬行為工作坊，
主人和狗要一同接受為期七天的教育課程。

我與阿米莉亞的旅程，接著來到南法，鄰近西班牙的歐什（Auch）。在圖盧茲一帶，許多店鋪門口貼著鬥牛演出的節目預告。我們來到鄉村，阿米莉亞要在那裡擔任英法翻譯，那是一場由美國知名犬訓練師唐拔（台灣也曾出版他的著作）主持的犬行為工作坊，而我則在旁見習，除了觀察，無事可做。這項課程是由狗和飼主共同接受數天的訓練，有些學員甚至遠從義大利而來。來自不同狗俱樂部的人和狗當中，少數幾隻狗兒的訓練水準很高，寸步不離到了飼主每走一步都能精準跟上的程度，讓我覺得十分新奇。但是不同於以往的經驗，有些人不希望我觸碰他們的動物，我不禁覺得這些毛絨絨的夥伴，更像是飼主的所有物。

## 狗主人都去度假了

我帶著複雜的心情到了荷蘭的阿姆斯特丹，下榻在同事娜爾（Nel van Amerongen）的家，除了平日獨自在市區漫遊，就是和長我十多歲的娜爾在家工作，學習如何管理機構後台。我們一起走訪當地的動物收容所時，如入無人之境，僅有少數幾隻貓和狗。然而，狗兒大多是主人去外地度假時寄養的，實際上，這裡沒有一隻動物在等待領養。人們如想領養狗，在荷蘭和在英國一樣不容易，動物也多半來自其他國家。

在貓舍，我注意到一隻似乎剛做過手術的貓，牠的背上有著細長且歪曲的疤痕。工作人員表示牠應該是一隻被惡意丟棄的貓，主人很可能是找了無良密醫將晶片挖出，以免被追查身分。果然，不負責任且殘忍的飼主各地都有。中國的動保夥伴常說中國是動物的地獄，但也許換個角度想，在沒有動保法的中國，卻仍有那麼多人愛貓、愛狗，甚至成立動保協會，救助流浪動物、抵制虐待動物的產品……我想，在艱難中前行的中國動保人，或許更加值得敬佩和支持吧？

這次在歐洲的旅程僅有六至八週，並不很久，但我的心情卻跌宕起伏，最終感到沉重。一方面，結束這段宛如動物天堂般的遊歷後，我將回到北京面對社會之於動物倡議的各種挑戰；另一方面，在看似美好的歐洲風情畫裡，卻是將幼小動物安樂死的作法，以及所謂的人道屠宰和畜牧養殖。英國先進的動保系統，是否就是亞洲發展中國家憧憬的範本？我想起在一次從北京前往烏魯木齊的臥鋪火車中，下鋪的警官聽說我從事動物保護，好奇地問道：「動物保護？妳說的是動物管理嗎？」那時的我感到委屈，但在這首次的歐洲之行後，我想得承認：是的，以歐洲為藍圖的動物保護，就是動物管理。然而，即使在動保聖地，想要找到一頭生來就自願被吃的豬，我想也是不可能的。

荷蘭烏得勒支附近的動物收容所中的狗，
都是因為主人出門度假而到此寄住的。

## 令人難堪的禮物

離開荷蘭前夕，是二〇一一年七月二十二日，那一天，挪威奧斯陸發生了一人所為的爆炸和槍擊事件。那次無差別殺人事件共造成七十七人死亡，其中有許多是在烏托亞島（island of Utøya）參加夏令營的青少年。翌日，年僅二十七歲的英國歌手艾美·懷絲（Amy Winehouse）在倫敦被發現陳屍住處。然而，更令我意外的是，那時娜爾夫婦客氣地叫我在客廳沙發坐下，說要給我一份禮物。我心生困惑，只見他們緩緩取出一張面值百元的綠色歐元鈔票，說道：「這是我們想給妳的一份禮物，去買喜歡的東西吧。」

那個夜晚，我想婉拒那一百歐元，但娜爾夫婦堅持要給，不願收回去。最後，我宣告自己回到北京後，將把一百元送給真正需要的中國動保人（後來我將其作為給天鵝鬥士黃先銀的奠儀）。「那是妳的錢，妳決定怎麼用都好。」娜爾說。收下那一百元，我感到自尊受傷。省吃儉用，只有一件白T恤的我，身上的背心、雨鞋和行李箱都是借來的，怎麼看都是個窮光蛋——想要幫助動物的我，卻是別人眼中最需要幫助的，我難過地想。至今，十多年過去了，那晚的輾轉反側卻仍讓我記憶猶新。也許這張歐元百元鈔在別人眼中是個溫暖的禮物，但對當時的我而言，卻是一次傷害。

娜爾問我，「中國的動物虐待事件那麼多，為什麼妳和其他人那麼不同？」「妳為什麼關心動物福利？」我都回答不出來。我覺得，即便胳膊擰不過大腿，但我身邊那些又努力又優秀的動保夥伴，還有這些白皮膚、高鼻梁、金頭髮的同事畢竟是同個鼻孔出氣的吧？然而，在優雅的公主收容所的小貓被安樂死，以及歐元百元鈔的贈禮，帶給了我不小的震撼，形成某種程度的創傷印記。在往後數年，我仍經常想起這兩件事、東西方宗教和社會發展差異對動保具體作法的影響，以及西方社會在動物倡議領域的文化優越感，使得我愈來愈對各種國際場合中被滔滔不絕地講述的「先進國家」「發展成熟」的動保經驗感到索然乏味。我渴望在自己所身處的社會找到不同於「動物管理」的社會運動模式，真正符合我心中「動物倡議」的出路。

Column

# 找一頭自願被吃的豬

一九一一年，人道屠宰協會（Humane Slaughter Association）於英國成立，致力於提供屠宰農場動物的相關知識、培訓業者和獸醫、對政府和產業提出建議和技術資金等提高動物福利的工作。當我訪問該協會時，辦公室牆上的一幅照片吸引了我的注意，那是一位衣著優雅高貴的女性——她正是該協會的創立者——正在示範「人道屠宰」的方式：將鐵釘打入牛的頭部。在今天，從動物福利科學的發展來看，動物的處境或許真的改善了，但是，每一隻動物自身生存的意願、對生活的選擇，因此就得到重視了嗎？

一九四九年出品的法國電影《動物之血》（*Le Sang des bêtes*，導演為喬治·佛蘭敘〔Georges Franju〕）是一部結構相當特別的紀錄片。在這部二十分鐘的電影裡，交叉剪輯了巴黎各屠宰場的畫面，以及法國的文化產品、擁吻的男女、城鄉交界處被廢棄卻仍別緻的家具鏡頭，配樂為法國香頌和經典歌曲〈大海〉（*La Mer*）。透過《動物之血》，觀眾將會看到在每個平凡的早晨，牛、羊和馬等動物從鄉村被帶到城市，在近郊的屠宰場裡迎來牠們的命運。而動作熟稔的屠夫往往身處於高溫、危險、地面因動物血而變得極其溼滑的工作場所。在他們之中，有的人失去了手指，有的人沒了手臂或腿，而動物則失去了生命。

隨著科學知識不斷積累，我們對動物已有更多的認識，「動物福利科學」也正式成為一門學科。福利（welfare）是指對弱勢者最低限度的保障，動物福利指的便是動物最基本的身心及社會性需求，如飲食、提供遮蔽處等，此外，動物還要有表達天性的機會，並且能免於疾病和恐懼的感受。

我曾經走訪全球極具代表性的英國動物福利示範農場「食用動物倡議」（Food Animal Initiative）的養殖場。那裡的蛋雞身處沒有圍籬的大片草地，可以自由進出雞舍、隨時回到室內休息和下蛋，也能走入樹林遊憩和覓食。我在午後一點到訪，數頭在幾天前剛產下小寶寶的豬媽媽正在木造小房間中哺乳，牠們各自擁有室內外的活動空間，室內有乾草、室外有泥土，如廁之處在外頭，室內顯得很乾爽舒適。我也見到肉用的豬育肥的環境，那裡有許多乾草可供牠們玩樂和做窩，還有一頭繁殖用的種公牛——牠是這裡唯一有名字且不會被宰殺的動物。

1
2

1. 在「食用動物倡議」中，母豬和小豬擁有室內外空間，室內有乾草，室外有泥土，可以自由活動。

2. 蛋雞在這裡可以自由進出雞舍（圖左），室外也有很大的活動空間和樹林。

這些動物的生活看上去很好，然而，在不久的未來，牠們將往何處去？在大多數人追求廉價畜產品的全球化時代，這種示範性的養殖場對待動物的方式是否可能普及並受到監督呢？更重要的問題是，我們真的能找到一頭自願被吃的豬嗎？

所謂動物福利的「五大自由」（five freedoms）分別是：

- 免於飢餓、營養不良的自由
- 免於不適（因環境而承受痛苦）的自由
- 免於痛苦及傷害與疾病的自由
- 免於恐懼和壓力（緊迫）[4]的自由
- 表達天性（自然行為）的自由

除此之外，還有「五大領域」（five domains）等近年提出的動物福利模式。無論是哪個評估系統，許多動物福利的原則和人類生存最低限度的保障是近似的。現在，人們愈來愈能理解和滿足動物（尤其指人為圈養的動物）的基本需求了。

但是，基於科學的動物福利並不是哲學家研究的主要事物，也不應該是倫理關懷的終點。如果我們錯誤地將「動物福利科學」作為一種價值立場，也就是所謂的「動物福利主義」，那麼，這種落伍的思想之擁護者可能指出《動物之血》中的屠宰程序可以改進的方式，然後忽視或默認所謂的「人道畜牧」在道德上可否被接受的問題。然而，科學的任務不是回應「應該」怎麼做，這個問題必須交由公眾一同進行哲學思辨。

簡單來說，「動物福利」是基於科學框架評估動物實際需求和處境的體系；「動物權利」則是哲學領域的研究對象，也是每個人需要捫心自問「如何對待動物，才是對的、符合公正的原則」，這也是人類真正的道德試煉。

在今日的台灣社會，人們經常論辯「動物福利」（animal welfare）和「動物權利」（animal rights）孰輕孰重的問題。

台灣動物社會研究會執行長朱增宏認為，「沒有『沒有動物福利』的動物權利」。意思是，如果完全不討論「動物福利」，僅談「動物權利」就只是空洞的話語。「權利」需要科學的福利評價系統支持，才得以被落實和保障。然而，如果我們徹底刨去「動物福利科學」之所以存在的基礎，也就是基於痛覺主義（painism），人類對於動物應有道德考量的話，那麼良好的「動物福利」就可能會淪為產業肆無忌憚地剝削動物的理由。一個有智慧的人，應該去質疑自己所相信的，而不是停滯於自己已經相信的。這是我對科學精神的理解，也是科學和哲學之所以必須攜手前進的原因。

要在「動物福利」和「動物權利」之間二選一，實為一種「非黑即白」的思維謬誤。《動物之血》展示了優雅的現代生活裡不堪的一面。現在的歐洲，就像是個「好一點、再好一點」的《動物之血》場景，仍不完美。在初次遊歷歐洲的多年後，我在台灣的大學和高中講授「電影和動物」的課程，有時會播放這部影片，並想起自己在歐洲見習的經歷。學生看到動物被赤裸裸地割喉放血、在垂死掙扎時仍不斷踢騰、抖動的四肢，總會驚叫連連，許多人不敢看或不願意看這些畫面。然而，我相信大多數學生已足夠成熟，在適當的心理建設後，應能面對這些真實情境，從而去思考現實中及理想中的人和動物的關係，進而找到自己和社會互動的方法、自己的價值觀——這可能是一個漫長的過程，但不會比當代動物保護運動發展的時間更久。

我於2011年6月參訪創立於1911年的人道屠宰協會時，贈送豬形的陝西泥塑給屠宰培訓師。兩人身後照片中的女士為該協會創辦人，正在示範如何將鐵釘打入牛隻頭部，那是彼時的人道屠宰方式。

1 李鑑慧，〈英國工業革命中的動物貢獻與生命經驗初探〉，《成大歷史學報》第58號，2020年6月，第83–87頁。

2 在台灣動物社會研究會網頁（https://www.east.org.tw/node/8170）中，有一張拍攝於2001年5月20日的照片，是公主前往台北市公立收容所拜訪時，抱起一隻患有嚴重皮膚病的狗。

3 參考資料同上。

4 國際知名動物福利專家大衛·布魯姆（David M. Broom）將緊迫（stress）解釋為「環境對人／動物造成不利或有害的影響」，通常是指其「無法適應環境」。許多個體感受緊迫時，生理和免疫系統功能都會發生特殊改變，牠的福利也就跟著受挫。引自馬克．貝考夫編，錢永祥等譯，《動物權與動物福利小百科》，台北：桂冠圖書，2002年，第328–329頁。

Chapter

# 3

## 一個也別記得

### 同情，意謂著痛苦

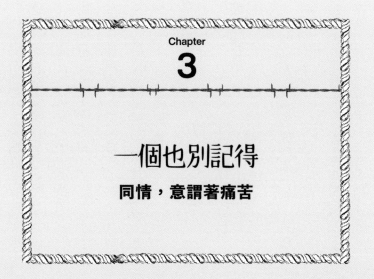

有那麼幾年，身處在北京的我與身邊的朋友，不時能知道哪裡又有人在殺貓，而且是以公然挑釁社會的方式呈現。

我所在的北京大學簡稱燕園，校內有一個範圍不算小的老式樓房區，名為「燕南園」。那是文革時期的「牛棚」，也就是被打為「牛鬼蛇神」的反動分子遭關押的地方，當時經常舉行批鬥會，也死過不少人，有些還是自殺而死的。現在，遊客和學生仍然經常路過這個位處校園生活圈中心的地帶。燕南園裡頭的老磚房外，常掛滿了五顏六色的衣物，不少房子顯得雜亂、陳舊，一點也沒有文化校園的感覺，還住了不少與北大沒有實質關係的居民。

## 燕園貓案

開始在北大生活的第一年，我在「未名ＢＢＳ」上看到暑假期間燕南園裡被虐殺的貓咪屍體的照片，有被綁小石頭、丟到水裡淹死再撈上來的，也有像是被打死、口鼻流血的。這些照片多半是有些為貓不平的學生所拍下的，除了發帖，他們也做不了別的事。據說，這已不是第一次發生殺貓案了。學校裡「流浪的天使協會」（簡稱「貓協」）的同學說，每年寒暑假，學童不上課了，就殺貓來玩。

此外，某教授也是燕園裡公然厭貓、殺貓的人。知道上述這些情況後，我一個人走路時總會避開燕南園，但卻無法迴避圖書館——我知道被殺害的貓會被放在那側門口的石階上。社會上總是有人喜歡貓，有人討厭貓，但在法律缺位、社會缺乏道德共識的情況下，將動物殺害後公然放在學生必經的門口，這樣的心態與社會語境，我真是無法說清楚。這些種種，我時常記在心裡，彷彿如果連我都忘記了，那這世界真不會再有誰在乎這些貓曾經

我居住的北京大學燕北園 322 號樓門口有十餘隻流浪貓，
住在一樓的我隨時都能看到牠們。

活過，又經歷了什麼。

走在校園，想及動物之苦就發生在身邊，每每令我感到沉重。這些事總是一而再、再而三地發生。特別是那些在宿舍區流連、受人們喜愛和照顧的貓被人帶走殺死，即使監視器拍下了那人捉走毫無反抗的貓的身影，我們依舊沒有任何辦法——校方不願「把事情鬧大」，不追查、不提供錄影畫面。一切負面的事都要掩蓋，而一切「偉光正」的都要張燈結彩地宣傳。學校食堂都賣狗肉了，這點殺貓的事，算得了什麼呢？

## 大學裡的狗肉火鍋

作為校園中積極的動保宣傳分子，我自然不會忘記每年到食堂表達自己對狗肉火鍋（後改稱為「畜肉火鍋」）的意見。為何不該賣狗肉？因為狗未經檢驗檢疫，沒有運輸和宰殺規範，無法保證食品安全，所以不應該吃；因為狗的來源不明，或是偷盜毒殺，又或有傳染病，與中國的狂犬病防控政策是背離的，所以不應該吃；貓狗是同伴動物，吃狗被許多國家認為是不文明的，學校不該賣狗肉自毀形象……。我嘗試了種種論述，在心中反覆排演，控制表情和語氣，告訴自己絕對不要失了禮貌、錯失一次改變的機會。

每當我要前往實踐這些賦予自己的任務時，總是感到壓力很大。每一回開口遊說，我都巴不得趕緊把台詞念完，速速離去。美其名是將訊息與紙本資料留給店家，讓人自由決定，實際上，至今我仍沒有說服對方的信心，而總是做了最壞的打算。沒有期待，不受傷害。我雖然認為自己傳播的是正確的信念，卻沒有別人將會奉行真理的信心，行動很可能是無效的，但我做了自己能做到的——如果連傳達訊息都做不到，那我還能為動物做什麼？偌大的世間，就沒有人能聽到牠們的冤屈嗎？

開始在北大讀書的那年，我在公益組織「行動亞洲」裡承接了皮草研究與宣傳的工作。蘇佩芬老師是組織的創辦人及執行長，她說，在中國還沒有組織推行零皮草的概念，而這個議題是從消費端來改變行為，有機會贏得多數人認同，從而改善動物處境。進入組織的資料庫後，我逐一打開前輩留下的檔案。那位前輩是自殺過世的，她從二十多層的高樓墜下，留下了許多關於中國皮草問題的調查資料。瀏覽檔案時，我在腦海中復原她與業者的對話場景，一遍遍看過她寫下的動物被活生生剝皮，而商販如日常瑣事般毫不在意地陳述這些生死的逐字稿。見證這些，就足以理解她選擇不再留戀人間的原由。我不由自主地將自己帶入前輩所處的位置，更揣想她的感受和壓力，將她的選擇作為自身將要承接的宿命。

1
2

1. 2012 年 9 月在深圳舉行的「零皮草」工作坊，邀請中國各地的動保組織和大學社團參與。每個人在中間的地圖上標記自己所在的城市，宣告推動零皮草的決心。

2. 我在首都師範大學附屬中學以動物保護為主題演講，許多學生繫著中國少年先鋒隊隊員的紅領巾。

1 | 2

1. 2012 年，北京大學的「家園」食堂於冬季販售狗肉和野味的宣傳布條。
2. 貓咪扣扣作為我在行動亞洲工作時，倡議「中國零皮草」自拍活動的第一個模特兒。

我總是多夢。在許多夜晚，我夢見動物被屠殺和幽禁。我對牠們說：「對不起，你的這輩子，我真的救不了。但我會努力，讓明天——或許是你的下輩子——不再面臨這樣的處境。」夢醒，我告訴自己要更努力，到了下一天，要加倍努力。

## 黑色影像產業鏈

那一兩年，中國的網路和新聞熱烈地討論著「踩踏視頻」（crush film），也就是一系列妙齡女子虐殺貓和兔的影片。這些在西方國家多半被禁止的影像，是一種在中國的黑色產業鏈。稱為「黑色」，實因其中有太多非法活動，但這樣的商機確確實實足以被稱作「產業」。從業者誘騙女性拍攝起先是「用腳拌沙拉」、然後是踩踏昆蟲之類的畫面，再一步步威脅公開這些戀足癖影片，進而要求她們用高跟鞋踩小貓眼睛、隔著玻璃板壓死兔子，把過程拍攝成影片販售。在我搬到北京前，此類影片在社會上已有很高的討論度，輿論多稱其為社會和年輕女子的墮落，卻少有人注意到法律根本無法保護這些女性和動物。許多新聞甚至直接播出這些影片，缺乏防止民眾仿效以及保護未成年觀眾的意識——在許多年後，中國多位動保人正是以「保護未成年人」為訴求，推動立法禁止虐殺動物影像的傳播。

佩芬老師要我整理中國「踩踏視頻」資料。然而，這是一份我要鼓起勇氣才能面對的影像。

我在大學時期曾研究過國立中央大學的「動物戀網頁」事件，並對人獸交、動物戀在中西歷史及倫理學方面的討論頗為好奇。但是，在佩芬老師交待我完成這份工作後，我才了解這些影片中沒有任何情感與道德，只有女性的身體如同動物一樣被作賤、利用和傷害的事實。許多畫面猶如南京大屠殺的照片對青少年時期的我帶來震撼一樣，至今仍難以忘記。直到那時，我才知道要保護動物並不單純，更不美好。人對人能夠創造、發想出來的扭曲變態，是真正需要救贖的人間之苦。

我曾為台灣報刊寫作一篇〈與其詛咒黑暗，何不點亮燭光〉的長文，講述這次「踩踏視頻」事件的始末——憤恨是無力的，中國社會不需要更多懷揣著憤怒的人——我心裡確實這麼想。相反地，這樣的事件能成為新聞，不就代表著這不是普遍現象，而且受到大多數的人反對嗎？然而，即使一次又一次地這麼想，我心中的燭光仍沒有被點亮。

## 一個也別記得

在中國北方，貓兒往往有著長長的毛髮，質地粗粗的，有些像簑衣，在夏天可能也不會太熱。然而，流浪貓很難打理好自身的毛髮，即使看上去總是沾著各種破碎的葉片和泥巴，還是有許多販子覬覦牠們的毛皮。我所收養的兩隻流浪貓扣扣和卡卡，就是典型的北方貓。由於北京的小區到了冬天偶有捕貓人出沒，我總是萬分小心地不敢讓貓兒溜出去。無數次，我對扣扣和卡卡說：「要小心呀，要是出去了，姊姊可救不了你們！」

國際知名的藝術家艾未未製作了一部名為《三花》的紀錄片，主題為貓肉和貓皮草的黑色產業鏈。片名叫「三花」有兩個原因，其一是艾未未工作室有好幾隻貓，其中一隻叫「三花」的懂得開門——那種壓按式的門把，貓兒原地起跳，用前腳按壓，下一秒就落地穿過門縫出去了。另一個原因則是，在各種花色的貓皮草中，三色貓（白、黑、黃）的皮草最值錢。

《三花》中訪問了貓販子，拍攝了貓皮草的處理作坊，也記錄下中國各地攔截運貓車的動保人，其中有不少人是那幾年時常照面的前輩。蘇州一位名為朱茜的女士在片中說到，自己攔車救貓時，完全不願意去看那些貓的樣子，更不要去注視牠們的眼睛。她的意思是，如果無法救下這些動物，她不願意自己被貓兒記得，而自己也不要記住牠們的臉、牠們的眼。一個也不要記住，一個也別去記得。

我曾目睹那些一公尺半長、約一公尺寬、十五公分高的貓籠，業者總是往裡面裝上四十多隻貓。在南寧火車站，志工拍攝到載客和載物共用的月台上，等待被裝車而堆疊起來的貓籠，貓兒發出慘叫，不忍心的人卻無計可施。我們也曾聘請一位紀錄片導演到河北去拍攝、採訪貓肉和皮草產業鏈，花了不少錢（約為我二十個月的薪資），得到的影像卻一點用也沒有。但是，那位導演說的話，我卻很難忘記：「妳也知道，貓被載到那裡後，基本上也就半死，沒反抗能力了。人便徒手抓牠出來，殺了剝皮。」

在二〇一二年前後，我經歷了嚴重的同情疲勞。同情，就意謂著痛苦。

在義大利威尼斯街頭，我意外見到呼籲釋放中國藝術家艾未未的海報。
海報的左下角被另一張寫著「動物解放，是我們的解放」的海報覆蓋。

## 同情疲勞是種「運動」傷害

關於同情疲勞（compassion fatigue），動保前輩張丹曾寫道，這是人道救助動物工作中不足為外人道的職業病，「動物關愛不僅是一份工作，更是一種天職，隨著回報而來的是巨大的艱辛，每一天都帶來希望與絕望的混合體」。[1]

因為理念被人們認同而開心不已；看到遠方的動物受虐而暗自垂淚；動物可愛活潑的模樣令人喜悅；絕大多數人對弱者卻無動於衷。我曾在許多場合中，見到陌生的夥伴觀看動物受虐的影片時，在黑暗中閃爍的淚光。人們是身不由已，還是自願投入這項艱難的改革呢？

當我和貓長期相處、共同生活以後，對牠們有了愈來愈多的了解。每隻貓咪的個性截然不同，任兩

### # 誰最容易患上「同情疲勞」？

心理學家查爾斯・菲格利（Charles R. Figley）和羅伯特・魯普（Robert G. Roop）在《動物關愛界的同情心耗竭症》（*Compassion Fatigue in the Animal-Care Community*）中指出，動物收容所的工作人員、獸醫等人之所以選擇這樣的工作，是因為「他們關切」，「實際上，他們對工作的關切之深使工作變成了生活」。兩位作者指出了同情疲勞和職業倦怠的區別。關愛他者經常是以犧牲自我關愛為代價，「富有同情心亦將我們自身置於危險之中」。最善於助他者，往往最容易染上同情疲勞。[2]

個個體之間，又有著獨特的關係，就像人類社會一樣。後來，我帶著貓到日本留學一年，接著回到台灣。當北京的貓和台灣的「原住民」貓在同一個屋簷下相遇，四隻貓之間又發展出了更為複雜的關係。原先成雙成對的兩兩組合中，有的喜歡新朋友，有的一碰面就成了死對頭，最初的好夥伴也因為對方和其他貓的關係而有了變化。我透過對自家貓兒的觀察，聯想到在街頭經受風雨的流浪貓，是否每一隻都有著豐富的靈魂世界？牠們所能感受的痛苦，以及在生命中歷經的磨難，對牠們而言是什麼？對人類而言，又有什麼樣的意義、為我們帶來什麼樣的道德質問？

張丹寫道：「中國動物的生存現狀無疑是世界上最悲慘和最嚴酷的，中國也是世界上為數不多的沒有動物保護法律的國家。淚乾了，心碎了，牙關緊咬，渾身顫抖、惡夢連連……接下去可該怎麼辦？要救的與能救的數量完全不成比例，你這邊費盡心力救一隻，他那邊輕而易舉就製造出無數隻，何時是個盡頭？哪天才有希望？替人類向動物贖罪的中國動保人，哪個不心力交瘁彈盡糧絕？誰人不患有動保法飢渴症？沒有抑鬱症的又有幾人？如何自助助人？自救救人？」[3]

## 束手無策

當微信還不普及時，我每天在新浪、搜狐和騰訊等三個平台的微博上宣傳動保，除了代表組織的官方帳號，也有自己的平台，因此結識了不少志同道合的網友。一天晚上，一位在中國地質大學武漢校區讀書的網友，心情低落地找我訴說：就在數小時前，他所在的男生宿舍因其中一位室友養的貓跑到另一位同學的床上玩耍，使兩人吵了起來。爭執不下之際，被貓兒弄髒了床鋪的同學最終宣告「殺貓」。眾人不當一回事，沒人有任何回應，即使是貓的主人，也佯作無動於衷。那位聯繫我的網友靜默在一旁，覺得風頭很快就會過去，想不到那位同學真的抓起了貓，去到走廊，重摔在牆上。第一次，貓兒慘叫，落到地上想逃走，但又被抓了起來，再摔一次。這回，牠已沒有力氣站起來了。然後學生抓起牠來又摔了一次，仍在幼齡的小貓，頓時沒有了任何氣息。

這位網友告訴我，他的心碎了。這一切發生得如此之快，他自己卻呆立一旁，沒有阻止，沒有反應。殺完貓，那名同學回到了寢室。半晌，這位網友和另一位同學才回神過來，默默帶著貓屍到校園中埋葬。

我已經不是第一次接到這樣的消息，但來自平日來往的網友即時的聯繫，還是頭一回。我故作鎮定地告訴他：「趕緊去案發的現場拍照，貓的屍體也要挖出來，拍照得清楚。」只有這樣，我們才有可能在寫新聞稿時配合圖片、發給媒體，讓更多人知道「發生在校園裡的這種現象是不對的，必須從國家層面立法保護動物，在學校課程中也需要生命教育」。那時已過午夜，兩個男生啟程去將貓屍挖了出來，再回到宿舍把照片傳給我。在深夜的閃光燈下，那是一團漆黑的、躺在紅色塑膠袋上的東西，幾乎無法辨識出是貓咪，也沒有動物口鼻流血的樣貌。距離當時已十年過去，我仍記得那張照片。我想，並不因為其他原因，而僅因為牠是一隻黑貓。小貓的毛髮烏溜溜地，什麼也看不清楚。

這樣的照片幾乎沒有任何意義。但是那個晚上，我聯絡了同事，徹夜完成新聞稿，在隔日一早廣發給記者。當我進行這項工作時，扣扣和卡卡彷彿也懂得事情的急迫性和嚴重性，乖巧地不引起我關注，如無數的日夜一般，在一旁默默陪伴。第二天，我期盼能得到一點點媒體的回應，但唯一等到的電話，卻是一名好心的女記者告訴我：「上面說，高校虐待動物的事不讓報導。」理由是什麼呢？「不知道。」

我所工作的組織，並不以救援動物為目標。我原先天真地想，如果事情能見報，即使只是一兩則也好，或許就能讓這位網友知道，他的行動與良知是正確的，也或許能多少告慰那隻黑色小貓，牠的生命與不幸，仍有些價值、發揮了一些作用吧？然而，這一切都是枉然，都是妄想。我只能像接到記者的電話那樣，把沒有實質內容的訊息傳遞給大學生。正如在那個社會中，永遠「奉上級指示」，而在上級之「上」，仍有「上級」，我們不知道誰是頭，誰當家作主，誰能拿出個決定。

## 鐵屋中的吶喊

在那段日子裡，我日日以淚洗面，無力回覆，卻又必須回應來自中國各地發來的求助訊息——我只能告訴他們自己無能為力。但在大多數時刻，我仍然堅信自己所信奉的價值和道路。夜晚走在回家的路上，面對滿天星星，我許下願望，願意付出我的整個生命，希望動物能夠得救、牠們的處境能夠改善，至少，希望中國的一般民眾能聽見我的籲求。這樣的想望，直至我終於麻木，失去繼續工作的信心和動力。

正如前述兩位作者寫到的，「許多年來，同情心耗竭症是人道救助動物工作中不足為外人道的職業病。它造成收容所工作者的低產出與高損耗，最糟糕的還有絕望。」[4]

在那幾年，中國到處拆房子，北京南鑼鼓巷販售的「文化衫」上，往往以「拆哪」來揶揄 China。在拆遷的過程中，總有許多貓狗是居民沒有一同帶走的，因此催生了動保人所出版的攝影書《城市的傷痕——那些城市拆遷中的流浪動物》。翻閱此書，每隻狗兒都帶著失落與茫然的表情，以及一絲盼望的眼神。

愈了解動物，對工作投入得愈深，我就愈是感到主流社會對動物的無視和殘害，令人難以忍受。經年累月下來，唯有逐漸令自己對這些現象麻痺，而達到自我保護，同時不顯得憤世嫉俗。我也愈發相信，人類總是虧欠動物的——多半只有人對不起牠們，而沒有動物對不起人。

經歷了這些事，我自知沒有足夠的勇氣去完成佩芬老師期待的一些任務——拍攝路邊殺狗、販賣狗肉，我也無力和無心於現身攔截廣大的中國各地每日數十輛（或許上百輛）卡車運輸貓狗的現場。愈是思考，愈是痛苦；愈是訴說，就愈是寂寞。我懷疑自己是否不必做那個魯迅筆下獨自醒來、欲在燃燒的鐵屋中大聲喚起沉睡人們的清醒者。或許，我才是唯一長眠不醒、做著動物解放春秋大夢的人呢？

每一次行動上的無力、心情上的無能，以及一起又一起風波和事件，已經將我心裡曾經堅實的牆一磚一瓦地慢慢毀去了。我離開了工作的組織，沒有任何人慰留；我不再讀任何動保新聞，也拒絕接收動保「戰友」與工作有關的聯繫；但我仍保有素食的堅持，作為自己最後的底限。「照顧好扣扣和卡卡，就很不容易了。」我的自我期許僅止於此。

我一直記得帶卡卡回家那天，牠一口氣喝掉一大碗水的模樣。於是，在天寒地凍的北京冬日，我總是燒些熱水灌滿水壺，到外頭為流浪貓放水。放熱水，是由於冷水很快會結冰，貓兒就喝不成了。此外，我真的做不了更多事了。

## 不可能的夢想

當時我仍是北京大學的學生，喜歡熱鬧，也重視深度的思想交流。如果可以，我希望有和同學一起吃飯的機會，但有時，這是個奢侈的願望——因為台生的身分，因為我的閒散，因為這個校園裡精明的功利主義。我與少數較為投緣、溫和的同學一週僅有一到兩次機會能短暫共餐，學術、思想沒人談，「理想」兩個字，更是從來沒聽誰提起。這樣的校園生活，真是寂寞呀。

在校園裡的第二年，我與一位同學談起戀愛，這成了曾經壓倒我的最後一根稻草。起初我天真地想著，如果能多認識一個未來在社會上有影響力的人也是好的，「要是能讓他理解動保觀念和重要性，來日不就有機會讓千千萬萬動物得救？」兩人的日子極其簡單，我們都喜歡讀書，經常在圖書館和書店度過一天，夜晚在家的時候，貓兒常常窩在

中國市售的貓皮草褥子，一般由花色相近的 9 至 12 隻貓的皮草組成。

我和他的肩頭或肚皮上取暖。他常引用波特萊爾的詩句，「嚴肅的學者，還有熱烈的情侶，在其成熟的季節都同樣喜好強壯又溫柔的貓，家室的驕傲，像他們一樣地怕冷，簡出深居。」（郭宏安譯）。當時的我們共同對社會上不義的一切感到不平，但他更為憤怒。動物保護在他的眼中根本不值一提，連說都懶得說。男朋友作為社會底層出身的文人，已有一定的社會地位，對於我在動物保護方面的投入全然輕視、不願理解，令我相當不服氣。

即便他反對，我仍執意為動物發聲，不放棄任何在校園和中小學演講宣傳的機會。男朋友全面反對我的這些活動，覺得身為知識分子，絕對不應該屈就於教育中小學生；我時常國際連線開會到午夜，也換來他不惜在一旁鼓譟，以自辱辱人的方式干預我的工作。一回，我想考考他「中國媒體選出的年度十大環境新聞有哪些」，而其中一條是某家航空將逃出籠中的托運狗打死而引發的官司。[5] 他完全不能接受一隻狗的死亡竟然能上新聞，甚至成為全國關注的訴訟。「人都活得什麼樣子，一隻狗到底算什麼東西？」生活中種種我所關心的動保事件，無數次觸怒了男朋友，他用盡各種方式逼迫我離職，因為「會有人虐待動物，都是因為你們這種人說要保護動物」。他建立了許多荒謬的論述，而我已身心俱疲，不再為自己的理念辯護。交往三、四年之久，他仍得意洋洋地覺得自己拯救了我這隻身陷動保幻夢的迷途羔羊。

緊張的情感關係加劇了我的挫折。在經歷著嚴重的同情疲勞的那些年，我變得更為憤世嫉俗、加倍質疑動保和社會工作取得的成果，嫉妒仍在努力的夥伴，也對改革的可能性感到絕望。每個夜晚，我做著動物被囚禁、屠殺的血腥夢境。在許多年之後，我讀到張丹分享的音樂劇《我，唐吉訶德》的歌詞：

去編織，那不可能的夢想
去打倒，那打不倒的敵人
去承受，那無法承受的痛苦
去奔向，那勇者們不敢去的地方
去糾正，那不能被糾正的錯誤
去愛啊，那遙遠的無瑕與純真
去嘗試，當你的雙臂已經太過疲累
去摘取，那摘取不到的星星

這是我的追尋
去追隨那顆星星
無論多麼地無望
無論多麼地遙遠

為了真理戰鬥
不提問或者遲疑
願意一步一步地邁向地獄
只為了那個神聖的理由[6]

唐吉訶德在現實中的挫折感，與我的心聲呼應著。為了那顆遙遠的星星，守護我內心的純潔和理想，履行對貓兒的承諾，最終，我做出困難但勇敢的決定，與那位男朋友分手，帶著貓赴日留學。

2013 年春節，我在河南鄭州過年，認識了一隻長期被鍊養的狼犬「虎子」。沒有狗繩，我牽著牠的鐵鍊帶牠散步。（王東東攝）

Column

# 人類是狗最好的朋友嗎？

有人說，「狗是人類最好的朋友」，但是，人類是狗最好的朋友嗎？

二〇二一年十二月，台灣發生比特犬咬死三歲兒童的事件，隨之而來的，是民眾的棄養潮。同年，由中國大陸走私來台的一百五十多隻品種貓被海關查緝，全數安樂死。這些關於同伴動物的新聞事件，引起社會上很多人的關注，然而，走私動物被安樂死，以及具有攻擊性的犬隻之存在，卻早已不是新聞。

兩起新聞的共通點之一，在於事件中的犬貓都是品種犬貓，是繁殖業者特意繁殖、標榜和販售的商品。

放眼世界，人類馴化特定物種的歷史悠久，特別是如歷史學家指出的，可以被馴化的動物物種其實很有限，不過二十種左右。其中，犬貓無疑是直到今日仍常伴人們左右的代表性動物。但是否基於這樣的馴化歷史，犬貓就理應成為人類的所有物，甚至如我們過去所稱的「寵物」呢？

哲學家、法學家弗蘭西恩（Gary L. Francione）認為，動物權利如果要得到實踐，首先，必須把動物從人類財產的位置移除。也就是說，動物不能是任何人的財產，不能是被任一人所擁有的「物品」。在此，我們或許可以用兒童權及家暴法來類比。在過去的社會，有些人認為教養子女的方式，包括毆打、言語污辱，都屬於私領域的範圍，不應受到社會約束，甚至法律制裁。但在今日，我們已經知道台灣的學校是不允許教師體罰學生的，而父母無論以什麼樣的名目責打子女，也都被認為存在爭議，至少應該具有一定的限度，而不是完全不受約束。

品種犬貓，其實是人擇下的產物，是基於人類不同的審美傾向或協助狩獵等目的，而被刻意培養出的動物。一些品種犬貓甚至因近親繁殖等原因，有著先天性的疾病，如狼犬的髖關節容易老化，摺耳貓天生體弱多病，甚至有些肩胛骨寬大的犬種先天難產，必須經由剖腹產才能出生。凡此種種，皆是由於人類的目的而存在、繁育的動物。人類對牠們有不可推卸的責任，不應該繼續繁育這些所謂的「品種」動物。比特犬等性格突出的品種犬傷人的事件，也是品種犬貓繁殖下的悲劇。社會應該重新思考，如何從根本上避免這些犬隻傷人的情況，亦即不再允許繁育這類犬種，也應該輔導飼主正確地教育犬隻，讓更多狗兒能夠融入人類的社會生活。

進一步來說，人是否在道德上可以飼養動物，特別是常見的犬、貓、兔、鳥這些同伴動物呢？這個問題，對於動物權利論的哲學家——特別是主張我們應該廢除一切對動物各種形式的利用的「廢除主義者」（abolitionist）而言，是一項難以回答的問題。

飼養動物，意味著牠們的生活品質完全仰賴人的善意，且勢必失去一部分自由選擇的機會。以台灣社會為例，大部分的家養貓咪都是室內貓，牠們可能在固定的居家空間中度過一生。如果換位思考，你是否願意這樣過一輩子呢？然而，如果讓貓自由出入室內外空間，不僅車水馬龍的城市生活可能對牠帶來威脅，貓也或許會影響當地的生態。在澳洲和紐西蘭，家貓對野鳥的傷害已經不是新聞，更有政府組織性地屠殺已野化的家貓。要找到一個合理又符合動物福利，且不影響生態環境的犬貓飼養方式，似乎並不那麼簡單。

一旦飼養了犬貓，我們是否可以讓牠們生育、繁殖下一代？為動物絕育是不是侵害了動物權利？就這個問題，哲學家實際上多半選擇了務實的立場。我們已能注意到，無論台灣社會或是東南亞、歐洲、美國等許多國家，都存在流浪犬貓的問題。許多地方政府甚至花費了巨大的精力和財力來管理犬貓、建設收容所，又或是安排人力去捕捉、安置，以及安樂死大量無處收容的犬貓。流浪犬貓的源頭是飼主沒有責任感地飼養和繁殖，因此，從務實的立場出發，我們不必一步跨越到「是否應該飼養動物」這個非黑即白式的問題，而是可以思考「如何改善動物處境」。在這樣的前提下，讓無家的動物有一個安身立命的家庭歸屬，對人和動物而言，應該都是可接受的解決方案。同時，動物福利原則並不包含生育權，為了避免更多無主犬貓的出生，大多數動物倡議團體與倫理學家都支持為家犬和家貓進行絕育手術，這除了是現實的考量，也是讓更多沒有家庭歸屬的動物擁有被認養的機會。

回到比特犬傷人的事件，動保團體指出，「有百分之四十二的犬隻傷人事件是由從家中或庭院逃脫或掙脫鐵鍊的有主犬隻所肇。而且縱使是熟面孔的鄰居或家庭成員，也依舊容易被攻擊」。[7] 同伴動物與人的倫理問題，絕不僅是「能不能養」，還有「如何飼養」的飼主責任問題。

雖然我們的社會一步步走向對人和動物關係愈來愈有共識的階段，但我們也能發現，即使是身邊熟悉的同伴動物，都能帶出這麼多的動物福利、動物倫理問題，足以見得，關於動物的諸多議題，確實可以引發我們對於哲學、實踐、社會文化和法律層面的省思，每個議題都能以小見大。

1 張丹，《另一次是遇見你》，上海：科學技術文獻出版社，2016 年，第 171 頁。

2 同上，第 175 – 176 頁。

3 同上，第 172 頁。

4 同上，第 179 頁。

5 章軻，〈中國南航被批漠視動物生命〉，「中外對話」，2012 年 10 月 16 日。
https://chinadialogue.net/zh/1/41580/

6 同註 1，第 57–58 頁。

7 引自台灣動物平權促進會：
https://www.facebook.com/TAEA2013/videos/465876301640052/。
更多相關資訊，可參考台灣動物社會研究會網站：
https//www.east.org.tw/action/8571。

Chapter

# 4

# 成為東京街頭的三明治人

## 農場動物處境調查

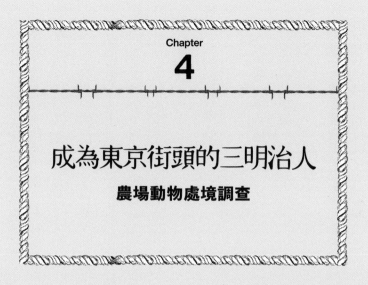

二〇一五年八月，我開始在日本動物權利中心實習。日本人的做事態度很認真，這可能是外國人對他們的印象，不喊累，也不喊餓，我在日本的生活中見證了這一點。到這裡實習之前，我為了接下來的辦公室ＯＬ生活，戰戰兢兢地準備了正式套裝。學校的日語老師教我們如何用日文自我介紹，指出一個面試官會很欣賞的個性——認真，希望我們謹記於心。下一堂課則教我們如何行禮：腰板要挺直，手掌要貼合褲子側邊的褶線，敬禮時除了因應不同的對象要呈現不同的角度，還要有一定的節奏感，我發現這並不容易，畢竟日本文化是深入骨髓的身體記憶。

## 日本動物權利中心

動物權利中心是由第一任執行長川口進（一九四七～二〇〇四年）於一九八七年成立的動物權利組織。川口桑是投入學生運動、勞工運動的社運人士，亦為屠宰場工人爭取權利。然而，一部核實驗中的動物實驗紀錄片觸動了他，使他意識到動物是遠遠比人類更弱勢、更需要幫助的對象。在西方動物解放運動和日本彼時社運的影響下，動物權利中心成立之初的目標延續至今，包括建立行動者網絡、研究日本的動物實驗及畜產問題並呼籲停止、保育野生動物的生命和棲息地權、質疑動物園的存在意義、倡議動物權利等。

一九九〇年代，動物權利中心曾救援雲仙火山爆發（一九九一年）、阪神大地震（一九九五年）和有珠山火山爆發（二〇〇〇年）等災害中的動物。那幾年，管理自身的貓狗收容所，成了主要工作之一。和世界各地的動保運動一樣，同伴動物經常受到較多關注，民眾也經常賦予動物組織這樣的期待。但是，最急需人們幫助的，往往是社會難以見到的農場動物和實驗動物，僅以日本的畜產為例，每年被宰殺的陸生農場動物就高達十億隻。[1]

日本動物權利中心位於東京澀谷的辦公室。
左為第二任執行長岡田千尋。

當我來到這裡時，已是第二任執行長岡田千尋接管的第十二年。千尋是位公認的美人，約三十六、七歲，一頭直髮齊肩，五官端正，總是化著淡妝，經常面帶笑容，但有著巾幗不讓鬚眉的氣宇。她對維護動物權利的立場堅定，曾代表動物園反對派，在日本藝人北野武的節目上擔任嘉賓。大學畢業後，千尋就到動物權利中心應聘，不久即接任執行長，並毅然決定在二〇〇四年關閉收容所，以半年的時間為所有動物找到真正的家，再將最後一隻無人認養的黑貓「豆沙」（あんこ）帶回家生活。其實，從二〇〇四年至我到這裡實習之前，動物權利中心沒有全職人員，千尋身兼普通公司的員工，卻也維持著組織一定程度的營運，召開每月一次的志工會議，孤身一人奮鬥了很長的時間。

同在辦公室的，還有一位來自廣島的齋藤幸子（化名），亦較我稍長。千尋是東京都會女性幹練、大方的典型，個子嬌小的幸子則不化妝，從衣著到個性都很務實，給人樸素的印象。二〇一一年，日本發生三一一地震，隨後的海嘯令超過一萬五千人罹難，觸發許多青年返鄉生活、從事發展地方建設。她亦是在這場災害後，開始投入關西地區的勞工權益運動，並且體認到動物議題的重要性，最後來到東京，於動物權利中心擔任全職員工。我們這三人，就是辦公室全部的成員了。我那幾套正式的服裝，從來沒有派上用場。

在實習之初，我一句日語也不會，自創了採用英語、漢字和LINE貼圖的溝通術，千尋、幸子以及辦公室來來往往的志工對此相當包容。我是組織有始以來第一位實習生，被交辦了一些清點物資、影印和護貝的工作。嚴格來說，我其實都做不好，效率很低，後來真正讓我發揮長處的，是與許許多多的志工「閒嗑牙」（おしゃべり）。[2]遇到我這樣一個完全不會日語的外國人，他們往往感到好奇，日本的「三個半」動物權組織中，也許就數動物權利中心對外國人最為開放和友好。[3]這裡與其他組織同樣採會員制，全國會員約為三百人，可以參加志工例會、得到季刊，也可以在當地發展教育啟發活動。以一個創立已三十年的組織而言，這樣的規模實在不算大。然而，若是翻閱他們的季刊，會發現這兩位領著東京法定最低薪資的全職員工工作量相當驚人。除了日常維護組織和辦公室運作的事務，以及議題研究和田野調查外，經營社交媒體、設計宣傳品、組織一星期兩次的街推，還有一年數次、每次數百人參與的遊行，都是很辛苦、瑣碎的事。除此之外，她們還有志工管理、與政府部門聯繫溝通、回應民眾和媒體詢問及採訪等許多意想不到的工作。

## 時尚街區的實習生活

辦公室位於澀谷，是東京最繁華的流行文化地段。從澀谷站的山手線「八公口」出來，往神南郵局的方向走，到宇田川町左轉，動物權利中心就在一個十多層樓高的公寓大樓中。這一帶百貨公司林立，不時有著水準很高的街頭藝人表演，「八公口」方圓約為一到兩個籃球場，不僅有政治候選人拜票，還有許多不同訴求的團體或是希望展現自我的奇裝異服人士停駐。那個路口匯聚了多條馬路，單次通過人數可達一兩千人，據說一日約有五十萬行人通過，是世界之最，因此可謂宣傳活動的兵家必爭之地。動物權利中心也在此進行各種主題的宣傳，向等紅綠燈的人們發送傳單，這正是千尋在二

2015 年 10 月的東京素食節結合了零皮草遊行，
我和來自關西地區的「動物解放」戰隊合影。

1 | 1
2

1. 動物權利中心的志工每月都會在東京大崎的日本豬肉公司（NipponHam）總部前陳抗，在例行的陳抗進行五年後，該公司最終制訂了提高產品動物福利的計畫。右圖為台灣的動物倡議者張家珮。

2. 2016年6月，於東京首次舉行的「關閉所有屠宰場」遊行，由雞、牛和豬帶隊，上百位參與者不畏酷暑，在氣溫三十多度的東京遊行數小時。

〇一五年重啟組織時，租用這個辦公室的主因之一。

從辦公室走到八公口，大約六、七分鐘的路程，我們每個星期都會在街頭進行二到三次的「教育啟發活動」。活動進行時，每個人會在胸前持一塊展板，或是穿上動物布偶服發傳單。有的時候，我們則像侯孝賢《兒子的大玩偶》中的「三明治」看板工那樣，除了手持的展板，身後也揹著另一塊，成為一個「三明治人」——展板就像是兩片吐司，身體則像三明治裡的夾心。「八公」是一隻日本人耳熟能詳的秋田犬，牠生前每一天都在那個出口等待主人回家，即使主人過世後依舊如此，這種忠實的性格在日本是非常受到讚賞的，因此八公被視作忠犬的象徵，日本的秋田縣也將秋田犬放在警察招募手冊的封面。我們帶著八公的精神在街頭站崗，這是種類似苦行僧的體驗，在冬季寒冷、夏季極其酷熱的東京，並不是件容易的事。無論參與的人數多寡，每次一站都是兩小時以上，我總是在手持展板的同時觀察來來往往的人們，在心中辯證投身動物倡議運動的信念是否真的堅實可靠。愈是思考，我就愈發相信這是件有意義的事。

這種「教育啟發活動」包含幾類主題：反對「格子籠」（又稱「巴特利籠」，為英語 Battery Cage 的音譯）、鵝肝醬、「母豬狹欄」[4]、皮草、捕捉買賣野生海豚等。活動一般從下午四點開始，參與者多的時候能達到十數人，少的時候則僅有辦公室的兩、三人。

除了展板，我們還會準備大聲公和講稿，大家輪流讀出來，近年更借鑑台灣的宣傳活動，用平面電視播放動物受虐影像。二〇一五年我剛到日本時，曾在一個月一次的「志工會議」中分享西方國家的街推方式，只是「V怪客」面具的無政府主義形象讓大家感到遲疑，但在我離開日本後，這種宣傳手法卻在東京遍地開花。三三兩兩的志工如企鵝過夜般背對背站在一起，組成小小的「立方體」，手持平板電腦，向路人展示農場動物的真實遭遇。日本人似乎總是對於新作法或觀念抱持慎重的態度，然而一旦接受就會貫徹執行，絕不鬆懈。

## 東京首都圈不為人知的一面

研究農場動物議題及推廣消費倫理，是近年來動物權利中心的主要工作內容，與此同時，千尋和川口桑一起制定的目標，是在日本「創建動物權利的行動者網絡」。信奉行動主義（activism）的她，在我剛到辦公室報到的第二個星期，就找我一同去外縣市進行田野調查。那天上午，我搭了最早的一班電車出門，天未亮就與她們會合，驅車前往鄰近縣市。這次的任務聽上去令人心情沉重，我一方面預期將會度過五味雜陳的一天，另一方面也期待親眼目睹日本的集約化養殖場。

千葉縣的銚子一帶有許多養殖場，我們透過Google的衛星空拍圖查找，一一探訪。抵達第一座養豬場時，我發現四周全部被塑膠布遮住，幾個人只能盡可能地將眼睛貼近塑膠布的縫隙，往內窺伺。在這一小群人中，我的身高最高，也想表現一下自己的熱忱，於是原地起跳、試圖探看裡面的情況。動物在養殖場的生活多半無聊、缺乏變化，人們的一舉一動或是來往的車輛，都可能讓牠們受到驚嚇。但我沒想到自己並未嚇到豬，倒是嚇壞了這群日本夥伴。原來，所謂的田野調查，是要「低調、再低調」，非但不能引人注目，還得安安靜靜、偷偷摸摸，只用眼睛與攝影機記錄。

來到第二座養殖場，是個約莫兩間小學

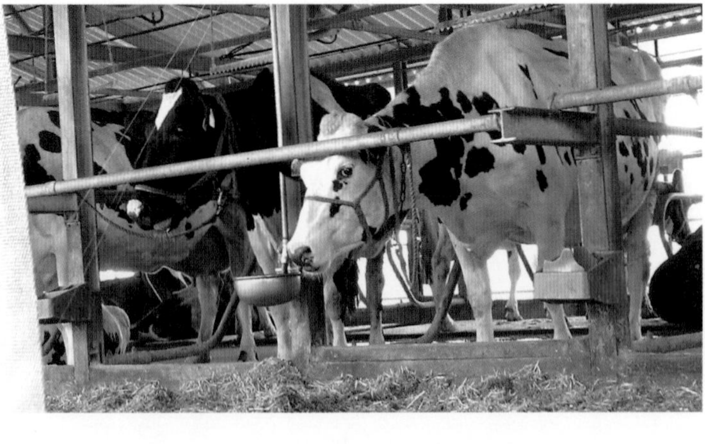

東京附近的一座酪農場裡，乳牛被緊緊地鍊住，幾乎動彈不得。

教室大的水泥平房。遠遠地，我就能聞到養豬場的氣味。我們繞著這個長方形的房舍走了一圈，沒有找著窗戶，我才驚覺這是一個全密閉的房子，甚至光線可能也透不進去。我無法得知裡面有多少頭豬，只聽到不斷傳出的尖叫，排泄物難聞的氣味也充斥在周遭。在往後的歲月裡，當去養殖場的經驗漸漸多了，我知道那樣的叫聲通常是發生在養殖場的豬之間的霸凌。業者往往希望能在最小的空間裡飼養最多頭豬，因此豬隻經常感到緊迫，彼此的關係緊張，卻又無處可逃。牠們無法表現出自然行為時，往往「弱弱相欺」，在彼此的耳後、身上留下十幾、二十幾公分的血痕，令人看了相當難過。我們無法得知這個房子裡的豬過著什麼樣的生活，只能默默離去。

這樣的「田野調查」雖然不是公開的活動，但我發現同事們都很守法，標示著「禁止進入」的地方，他們是絕對不會進去的。

接著我們到了一個大型蛋雞養殖場，五、六層的格子籠直達房舍頂端，我僅能在模糊的光線中，透過鐵絲網籠見到無數露出一小部分的雞腳爪。每個籠子的面積僅有A4紙張大小，卻關了兩、三隻母雞，籠中的空間無比狹小，翅膀完全無法伸展，母雞互相推擠、踩踏，牠們產下的蛋則會滾到籠子旁的溝槽。工作人員招呼我們入內參觀，這個全自動化的廠房只需一名兼職人員就可以管理數萬隻母雞。每隔十分鐘，機器會自動運轉、收集雞蛋，最終將雞蛋直接放入分裝盒。整間雞舍高達六排的傳送帶運轉起來，聲勢浩大，幸子嘆道「好厲害」，我則是第一次目睹這樣的大型裝置，簡直說不出話來。業者毫不避諱地讓我們拍攝這個名符其實的「生產線」，我注意到房內的角落不時有著一地雞毛，走近一看，是些已經徹底被壓扁或高度腐化的雞隻屍體，對方也無心收拾或掩飾——動物生命就是如此廉價，輕如鴻毛。

這一帶的養殖場很多，一整天下來，我們走訪了二十多處，不時要跨過小小的水塘或雨水積成的沼澤。千尋和幸子都很有經驗，遠遠地看到養殖場，就知道要拿出雨鞋更換；遇到人就率先禮貌地問好，一路上似乎沒有遇到刁難，還認識了一位特殊的朋友——日本的情況和台灣相似，許多人會養狗來看門或工廠。在某座養殖場前，一頭被鍊住的大白狗看到我

# 被鍊犬

被鍊犬是指長期被鍊住的狗。牠們多半被用於看門、看家，或者單純由於飼主覺得這是最方便的飼養方式。台灣近年來的被鍊犬問題逐漸受到關注，根據台灣動物平權促進會的調查，鄉下地區的被鍊犬問題嚴重，不僅活動自由極其受限、長期與糞尿共處，還有不少狗兒甚至被鍊在沒有遮蔽處的地方，受烈日曝曬，或者沒有飲水和食物。然而，無論在台灣或日本，都難以用現行法律改善被鍊犬的處境。其實，長期受到籠養或鍊養的狗兒容易產生行為和心理問題，且離開籠子和鎖鍊後，飼主往往不知如何與牠們互動而感到困擾，於是再度籠養或鍊養，造成惡性循環。

們，猛然吠叫起來。牠直接阻擋了通往豬舍的小徑，我有些遲疑，不敢輕易靠近，千尋卻自然而緩步地直直走了過去。白狗低下頭，不再吠叫，前肢匍匐，讓人摸揉牠的頭，還搖起了尾巴。原先的敵意化於無形，白狗的吠叫更像是出於興奮。在這暫時無人看管的養豬場，牠的活動範圍大概只有一塊榻榻米大，鐵鍊已有多處纏成一團，身上的毛髮也非常零亂。我想，牠沒有一個疼愛牠的主人。

## 狹欄裡的母親

我曾經在英國參觀動物福利示範農場，那裡採用半開放式的空間設計，豬有墊料可以躺、可以玩，靈活的鼻子經常在乾草堆中翻找有趣的事物，也會走到圍欄邊好奇地聞我的手，還會區分活動區和排泄區，生活的地方很乾淨，沒有難聞的氣味。然而，在集約化養殖場，豬只能隨地大小便，站在缺乏變化又不適的水泥地上，沒有任何豐富化的措施。在我去過的養豬場中，眼前這一座的不堪程度，又遙遙領先其他：糞便幾乎已經覆蓋了所有地面，豬不僅生活在自己的排泄物之中，行走時不斷打滑，有些豬甚至連最基本的「站立」都有困難。我們懷疑打從動物進來這裡開始，工作人員就不曾打掃，而

東京地區的「格子籠」蛋雞養殖場，高達五至六層的「格子籠」有著全自動的集蛋系統。

養殖場裡正在育肥的豬，身邊全部是糞便，由於地面過於溼滑，
牠們連站立都相當困難。

這情況大概要持續到牠們前往屠宰場的那一天。

豬生活在如此骯髒的環境，令我不忍直視，卻又要求自己用雙眼盡可能地去記憶這一切。將攝影鏡頭再拉近，我們看到緊鄰育肥豬圈的「母豬狹欄」令懷孕和剛生下小豬的豬媽媽無法轉身，甚至動彈不得，以最大程度地縮減個別動物分配到的資源，並且避免讓母豬壓到小豬，以減少業者的經濟損失、讓利潤最大化。牠們從鐵柵欄下勉強伸出長長的鼻子和嘴，並且在那裡停格，唯一能做的事，只有站立、臥倒，還有啃咬欄杆等刻板行為（stereotype behaviors）。我們也見到了已經死去的豬，閉著眼、半張著嘴，那模樣和許多亡者相似。在完全鬆弛的臉孔中，奇異地流露出一種放鬆的神情，和囚禁牠身軀的金屬狹欄形成對比。

我們在這裡見證了這些悲慘、日復一日缺乏變化的生活，宛如來到一座荒廢的精神病院。那時已是午後，正是烈日斜照的傍晚前一刻。我試著說服自己，這些豬在這裡至少能接

# 刻板行為

刻板行為指的是「一連串重複、相當沒有變化且不具明顯功能性的動作」。所有被圈養的動物都容易產生刻板行為，例如在兩點間來回走動、不斷搖頭、過度理毛或理羽等等。就像電影中的監獄犯人一樣，往往無事可做，總是在狹小的囚房中踱步。動物園、養殖場中的動物因為精神痛苦而出現這類行為，是一種典型且常見的動物福利低下的指標。[5]

觸陽光，有時還能感受到雨水，見到飛至豬舍中的小鳥，這比那個沒有窗戶、甚至可能也沒有光線的房間要好得太多了。許多人以為日本是有禮貌、乾淨又進步的「學習型國家」，恐怕很難想像我去過最骯髒、污臭的地方，都在日本。世界動物保護協會針對全球多國的動物保護指數列有A至G級的排序，[6]其中A級最好，包括英國、奧地利、瑞士、丹麥、荷蘭和瑞典，但在這項指數中，日本的動物福利為水準低下，甚至曾落後於中國。作為已開發國家，這樣強烈的對比實在令人驚訝。

離開這座令我終生難忘的養豬場時，大白狗熱切地巴望我們再次經過牠的領地，然後依依不捨地目送我們離去。我難以想像牠在這裡的日子是多麼寂寞，陌生人的到來，幾近於一種恩賜。究竟是當一隻被鍊犬比較幸運，還是做一頭養殖場裡的豬——至少有個死期可以指望？我在回東京途中，一路想著這個問題。

## 牠們眼底看到的

自此開始，我與日本夥伴不時會進行這樣的「田野調查」。由於一切的影像資料都是匿名提供的，雖然可能有許多志工都曾參與這樣的工作，但我不得而知。第一次的田調

我在東京周邊養殖場區田野調查時見到的懷孕豬媽媽。
狹小的欄舍讓牠們無法轉身，只能站立或趴下。

最令我難忘的，其實不是這些動物無可轉寰的處境，而是坐在小轎車中的同事們始終維持著輕鬆自在的工作氣氛。我們見到的每個養殖場都是令人難過的，卻沒有人將這樣的情緒帶回車裡，談話時的親切感以及不時出現的笑聲，讓長期以來熟悉高壓式工作環境的我感到詫異。

動保工作經常充滿理想，往往由懷抱熱忱、不忍動物處境的人們不計報酬地投入。由於全心全意地付出，我們對自己工作的效益往往有著很高的期待，同時經常抱著苦大仇深的情緒，將對社會的不滿轉換為登高一呼的行動力。在這種情境下，動保夥伴多半處在精神緊繃的狀態，有意無意間，在生活裡便會將這樣的壓力轉移到與他人的相處之中。然而，在動物權利中心辦公室，即使工作量龐大，人與人的互動卻永遠是和善有禮的，既不鼓勵躁進，我也未曾見過衝突。在日本一年半的時光中，我感受到了日本文化中節制的精神，在節制的情感中，堅定地推進和實踐自身的理念。我不知道這樣的精神是不是能感動到一些人，在那段期間的街頭宣傳中，我見到停下來和志工交流的日本民眾，大約五支手指頭就數得出來，基本上只要有民眾願意多看看展板幾秒鐘，就足以令人感激了。

除了養殖場，我們還會去的另一個場所是屠宰場。有時我們會從屠宰場附近的河岸長堤，用長鏡頭拍攝那裡發生的事。黃昏與夜晚，微風輕撫著河堤，從我們的位置完全聽不見屠宰場的聲音，空氣中也絲毫沒有殺戮的氣味。河堤上總有些慢跑的人，但他們似乎從來不曾對我們感到好奇。我們能見到數台卡車載了牛過來，車上的防水布遮得很嚴實。相較於豬，牛的屠宰進行得很慢，工作人員每隔十幾分鐘才會將一頭牛從卡車趕到屠宰場。由於卡車直接和屠宰場的入口對接，對牛來說，那不過是幾秒之間、僅只數公尺的旅程，但在那些時刻，我卻能透過攝影機見到肉眼無法企及的、走出防水布進入屠宰場的牠們一瞬間的眼神。我想，牠們眼底看到的，應該是有著長長捲雲的晚霞。

我也會獨自前往動物園和水族館等場所進行調查，有時與來日本看我的媽媽同行。有一回，我們到了東京都內的品川屠宰場，那是專門宰殺豬和牛的地方，就在人來人往的品川車站附近。屠宰場內部需要正式提交申請才可以參觀，因此一個合宜的理由是必備條件，身為一般民眾的我們，最多只能利用場內的資料室。屠宰場內的通路乾淨有序，資料室中的文獻豐富，特別是關於日本「部落民」的研究，不僅有期刊，更有圖文並茂的小型展覽。此外，還展示著屠宰場工人和牛隻的等身模型，以及屠宰場的微縮模型、導覽影片、各式切割工具等。我很想親眼看看那裡的「動物慰靈碑」，可惜不得其門而入。

## 一切都是可用的，尖叫除外

韓國導演奉俊昊在電影《玉子》（*Okja*，二〇一七年）中，引用了一段美國記者辛克萊（Upton Sinclair）基於對芝加哥屠宰場的田調而寫的小說《魔鬼的叢林》（*The Jungle*，一九〇六年）裡的話：「他們拿走豬的一切，唯獨放過尖叫聲。」[7] 我們在品川屠宰場聽不到動物的尖叫，然而我能感受到空氣中總有著一種深層的血腥味，我問母親是否能夠辨識？她聞不出來，說道：「是妳吃得太素了！」離開那裡時，我們正好與下班的員工一起走向品川車站。走在年輕的屠宰工身後，風中傳來陌生的語言，我這才意識到他們都是韓國人，有些人戴著耳環，著裝講究，髮型也很時髦，打扮相當入時。

《玉子》中的屠宰場工人說著西班牙語，由拉美裔演員飾演，這與美國的真實情況一致。台灣屠宰場的黑工問題近年來則受到媒體關注，缺乏對移工的保障；[8] 近年來，赴澳洲打工遊學的台灣人，亦不乏到屠宰場工作的。這樣的現象反映了一百年前辛克萊描述的肉品業的階級分工，弱勢的人群往往從事危險、勞力密集、多數人不願從事的工作。即便今日的屠宰工已有較合理的待遇，社會對他們仍有異樣眼光，從業者也不輕易提起自己的職業。在日本，過去是「部落民」，現在則是韓國人；在台灣，他們是東南亞移工；在北歐，則是皮草養殖場的越南人……這樣的例子實在不勝枚舉。

在現代社會，實際上仍有許多人沒有選擇的機會。大多數消費者不需要出入這些場所，就能以低廉的價格購買資本主義層層剝削的結構下生產出來的不健康的肉，在某種程度上，是將殺戮行為轉嫁給弱勢的屠夫。當我腦中湧現這些思緒，不禁想起為屠宰場勞工爭取權利、後來更為動物權利奔走不歇的動物權利中心創始人川口桑。

在日本的歲月說長不長、說短不短，但足以累積可供我回味的故事。我猶記得在第一回的遊行之時，與陌生的日本民眾在街頭為動物吶喊，那時長期以來投入運動並被壓抑的情感湧然而出，令我激動落淚。紅著眼眶，我舉著一頭年幼的籠中北極狐的攝影海報，從代代木公園沿著公園大道走，經過

# 部落民

「部落民」指的是日本封建時代賤民階級的後代，類似印度的種姓制度。他們在過去數百年來，多半從事被認為「不潔」的社會底層工作，如屠宰業和殯葬業等，現今約有 300 萬「部落民」仍然受社會大眾歧視。1980 年代，日本社會開始討論畜產和肉食的問題時，由於部落民群體誤以為受到苛責而引發其反感，遂在黑函中放入動物殘肢寄給動物權利倡議者。其實，社會運動原本就不是在指責特定的族群，更不認為殺戮的執行者負有罪責，其並非試圖讓世界在一夕之間產生翻天覆地的變化，而是在漫長的過程中革新社會的價值觀，在此過程中，不同焦點的解放運動更是可以互通、彼此支持的。

井之頭大道、澀谷車站前十字路口、青山大道、表參道，然後從原宿的神宮前路口返回。在這些地方，我不曾作為遊客，但我的步履感受到的，是之於自身更重要的價值。一回接待挪威紀錄片導演奧拉·瓦根（Ola Waagen）時，他注意到那張北極狐的照片正是他所拍攝的。我們這些來自天涯海角的夥伴似乎自成一個小小的網路，抱著卑微的期盼，寄託於幽微的願望，在未竟之事中，做著未竟之夢。

Column

## 傳統文化和動物權利，孰輕孰重？

紀錄片《血色港灣》（*The Cove*，二〇〇九年）曾引發國際社會對日本鯨豚捕獵的關注，也激發日本右翼人士以維護「傳統文化」為名，強調持續捕獵鯨豚的「權利」，於日本上映時更受到抗議，匆匆下檔。我在東京實習的那段期間，各地不時組織各種反對鯨豚捕獵的活動，每年八月更有「海豚日」小型遊行，但是參與人數僅十餘人。朋友們告訴我，這個活動經常受到右翼人士抨擊，數年前參與遊行的男性甚至被暴力毆打，許多參與者因此不願意再來了。

究竟是「傳統文化」重要，還是動物權利？如果我們試圖保存每一種「文化」，它們卻彼此衝突，又該怎麼辦？文化總是不斷演化，有許多「文化」如今已被視作陋習或陳腐的觀念而遭摒棄，而且社會也正在發展新的文化，如善待動物的文化等。舉例而言，包括日本在內的數個東亞國家，都有食用狗肉的情況，往往在當地引發爭議甚至衝突，國際社會也不乏對此的批評。這些問題除了涉及動物福利，也和公共衛生、社會安全有關。支持食用的一方，常以民族自決、民族主義以及「傳統文化」為名義，捍衛自身立場。根據北京清華大學蔣勁松老師的觀察，如果動物保護在中國被視為舶來品，是西方文化的入侵，民族主義情緒在這樣的情況下發酵，右派人士就容易因此被「傳統文化」的大標籤徵召，加入支持「狗肉文化」的陣營。

我想，如果人們能暫時放下意識形態，回到對倫理的思考，以及與此相關的同理心教育、生態保育、永續發展等價值，問題是不是會更聚焦一些？文化的基礎在於對生命的敬意，嚴格來說，就是包括人在內的動物的生命。正因為我們認為這些「有感知的生命」是有價值的，牠們的痛苦是應該被重視的，由此衍生出來的一套生活方式才是有意義的。如果動物生命受到漠視，甚至能被任意宰制和傷害，我們所謂的「文化」的價值，到底又是什麼呢？

我曾就這個問題請教日本的動物權利翻譯家井上太一。他認為，人們對試圖提倡的所謂文化實踐的選擇，是非常隨意的。例如，日本存在以植物為主的飲食文化，但我們看不到為保留這些傳統而做的努力。在大多數情況下，當人們要捍衛某種事物時，才會提到「文化」或「傳統」，例如捕鯨和狩獵。所以這些人所提到的不是「文化」本身，而是文化「作為話語」，而這是應該被認識並摒棄的。[9]

二〇一六年秋天，我陪同千尋到日本東北的秋田市演講。這場活動是由當地政府與秋田縣立大學合作的「秋田哲學塾」系列講座之一，受邀的嘉賓除了她，還有京都大學哲學教授伊勢田哲治，講座的主題則是「我們應該抵制肉類嗎？」。秋田是日本的農業大縣，動物權利中心在此僅有一位會員，我想參加的民眾應該不多。週六下午我們到達會場後，出乎意料地，能容納兩百多人的演講廳幾乎座無虛席，連門口報到處的工作人員都應接不暇。

講座引起了熱烈的迴響和提問。我粗略觀察了場內的聽眾，大致上可分為中學生和中老年男性。多數人拿出紙筆認真地寫筆記，這樣的情境，與我以往常參與的小型動保研習會非常不一樣，令人備受鼓舞。以往看似對動物倡議相當淡漠的日本民眾，也許只是需要更長的時間，以審慎的態度慢慢地理解和接受動物平權的觀念。從書籍出版和各式各樣的文化活動、博物館的設立看來，日本社會並不是全然保守的。相反地，這個社會的學習力驚人，同時有著多種思潮互相激盪。也許在不久的未來，「傳統文化和動物權利孰輕孰重」，不再會是人們困擾的問題。

1 關於動物權利中心的歷史，可參考：https://arcj.org/about-us/history/。

2 「おしゃべり」指一種健談的狀態或類似漫無目的地閒談。身為留學生，有和來自各行各業的動物權行動者「おしゃべり」的機會是很難得的，我也因此交了不少朋友。

3 日本有所謂「三個半」動物權組織，是一部分動保友人的看法，包括「呼籲廢止動物實驗協會」（Japan Against Vivisection Association，簡稱 JAVA）、「日本動物權利中心」（ARCJ）、「終止對動物殘酷和剝削」（Put an End to Animal Cruelty and Exploitation，簡稱 PEACE），與「地球生物會議」（All Life in Viable Environment，簡稱 ALIVE）等四個非營利組織（NPO）。其中，ALIVE 的主要工作雖然包含反對動物實驗的研究及倡議等，但由於並未自稱動物權利組織，所以被視為「半個」動物權組織。

4 「母豬狹欄」在日本的使用率高達 91.6%：https://www.hopeforanimals.org/pig/233/。

5 馬克·貝考夫編，錢永祥等譯，《動物權與動物福利小百科》，台北：桂冠圖書，2002 年，第 326 頁。

6 https://api.worldanimalprotection.org/

7 辛克萊著，王寶翔譯，《魔鬼的叢林》，台北：柿子文化，2014 年，第 45 頁。在電影《玉子》中的台詞是「豬從頭到腳都能吃，除了豬叫聲」。

8 黃驛淵，〈直擊北部官辦屠宰場防疫漏接 全台 4.8 萬無證移工陷感染風險〉，《鏡週刊》，2020 年 3 月 4 日。
https://www.mirrormedia.mg/story/20200303inv005/

9 訪問全文參見：http://blog.sina.com.cn/s/blog_64679e1a0102za5v.html。

Chapter

# 5

# 在芬蘭，做一隻披著狼皮的羊

## 衣櫃裡的野生動物

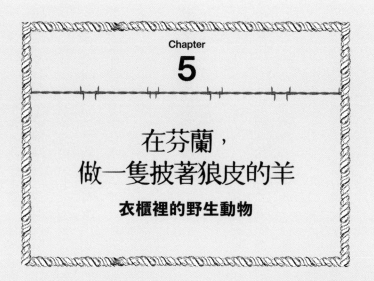

二〇一一年起，我在中國、日本兩地推廣「零皮草」倡議，也做了兩國皮草產業的研究，有時卻不禁懷疑自己還能再做些什麼？查閱更多網路資料、研究報告以及實地走訪？從北京雅寶路僅限俄羅斯買家進入的皮草商行，到號稱全國最大的皮草展，都已經是我熟悉的網絡。這個看似不斷挑動人們神經的動物議題，似乎沒有多少讓我探究的空間了。即便親身前往皮草重鎮、佯裝買家，又能再探得多少資訊，對「零皮草」運動又能帶來什麼價值？這些都是令我困惑的問題。

## 皮草，豈是皮毛小事？

皮草（fur）指的是一些有著較長毛髮的動物之毛皮，代表性物種是來自養殖場的狐狸、水貂和貉，每年都有多達數千萬隻遭到殺害。業者為了取得動物的皮草，將牠們終其一生關在狹小的鐵籠裡，待其毛髮最為豐美的時候殘忍地殺死。此外，還有來自獵捕的野生動物，如海豹、郊狼，以及兔子、貓和狗等同伴動物，以後者為例，每年有超過數百萬隻犬貓被做成皮草，貓皮草的來源大多是被棄養的貓和牠們的後代。在台灣街頭，能看到十多隻貓皮草拼接而成的背心，售價僅為數百台幣；在中國等地，流浪貓遭捕捉後，肉被人們吃下肚，皮毛則會被製成背心、毛球、褥子（由十多張貓皮草拼接而成，可裁剪製成防風內裡，見第一二三頁）；中國和波蘭的狐狸養殖場中，也不時能見到狗被關在籠中飼養，於冬季被殺死剝皮。由於皮草加工過程中，動物的DNA經常被破壞，因此往往無法確知成品來自什麼動物，很多標籤也沒有將成分寫清楚，甚至會將其標示為假皮草或其他動物毛皮。

遠古時代的人類會以打獵取得的動物毛皮來禦寒，但在今天，皮草早已不再是生存的必需品，卻經常出現在衣服飾邊，或做成包包上的掛飾、髮飾、耳環和靴子上的毛球，以及逗貓棒、地毯和絨毛玩具等。許多人其實不知道自己身上毛絨絨的飾品原來就是皮草，因為含有真皮草的服裝通常沒有明確的標籤，價格也很低廉，又由於銷售人員並不知情，往往宣稱這些皮草都是假的。在世界各地經常都能看到動物皮草飾品，累積起來就是全球每年數千萬因此死亡的動物。

二〇〇五年，中國已是世界最大的皮草加工國。在批發市場裡，人們把狐狸和貉直接猛摔在地上，用棍棒打牠們的頭、用腳踩動物脖子的畫面，以及動物尚未死亡時就活活剝皮的影像廣為流傳。當我開始研究皮草議題時，意外發現中國已不單是全球重要的加工地，更是皮草動物的養殖大國（以二〇一四年為例，生產了全球百分之五十六的水貂皮草）和最大消費國。其中，百分之八十的皮草供應國內市場，其餘則銷售到國外（主要為皮草飾邊、冬季毛線帽上的毛球等）；同時，中國也是全球最大的皮草進口國，每年進口高品質的皮草製成奢侈品在國內銷售。

在研究過程中，我不經意發現皮草養殖場正朝著大規模、甚至超大規模的方向發展。以大連名門種貂養殖場為例，宣稱建成後將養殖近二十五萬隻水貂，躋身全球最大的水貂養殖場，另一方面，中外合資的模式，還有由國外引進新技術、設備和人才的現象也愈來愈普遍。「如果我在中國無法獲知更多資訊，是否能透過到國外的田野調查來了解一二？」這樣的想法出現後，我很快地開始著手準備這次在北歐的皮草調查項目。首先邀請了與我的背景相似、關心動物的志工桃子（化名）參與，再透過與北歐團體和動保志工的聯繫籌劃，大半年之後，終於趁著讀博士班期間的某年暑假，前往北歐尋找關於中國皮草產業的真相。

## 飛越半個地球的臥底調查

「應該不會有哪個議題比皮草更敏感了吧！」佩芬老師說。因為殘酷的畫面——動物被剝皮後，甚至回頭看自己血淋淋的身軀——已流傳多年，人們也普遍能接受「皮草並非必需品」的觀念，加上西方社會對皮草產業及時尚品牌的撻伐已有數十年之久。雖說如此，亞洲的相關研究者與行動者極少，在這樣的情況下，我對自己到北歐皮草產業進行現場調查有了一點信心。抗議者眾、研究者少，田野調查人員更少，自掏腰包到北歐進行調查的人，就算不是絕無僅有，也是珍稀可貴吧？

出發前往北歐之前，我為自己設定了對當地人而言最不令人注目的角色——來自中國的年輕女子，並且印製假名片、帶著記錄裝備。然而，面對中國皮草商，我們則是來自台灣的遊客。我心想，在這樣的偽裝下，絕對不會讓業者起疑心。

我們的行程依照芬蘭和丹麥兩地的拍賣行日程來制訂，再鎖定夏季皮草動物繁殖的季節，聯繫養殖場進行參訪，最後再到挪威研究周邊問題。抵達芬蘭首都赫爾辛基前，我們試圖找出皮草拍賣行為外國買家指定的旅館，卻由於動保人士不時前往抗議，使得相關訊息皆不對外公開。透過當地志工的協助，我們最終鎖定一家位於市中心的飯店，在拍賣季首日展開行動。

夏季的北歐仍帶有寒意，赫爾辛基更不時下著如梅雨季般的豪大雨，即便待在室內，屋外滂沱的雨聲仍讓人心煩意亂，我們不安的模樣或許因而顯得不那麼突兀。在飯店大廳佯裝躲雨時，我看著往來的人們，觀察著男人的表情，推敲他們是否願意接受陌生人搭話。

「借個菸好嗎？」桃子和站在屋外抽菸的男人說。她留著一頭長直髮，披著風衣，衣著樸素簡單，卻總在眼睛下方畫上一道銀色的眼線，而且個性活潑、反應快，是那種能放心把事情交付給她的人。現在桃子決定主動出擊，我則想到可以藉著用餐時間，詢問哪裡有過得去的中式餐廳。「跟著我們走吧！」徘徊了一刻鐘左右，在一行快步走過的人當中，一個二十來歲的小夥子說道。

穿越地下街和商區，我們來到一家華人餐廳，裡面坐滿了數十名各路中國買家，有來自河北、山東和東北三省的，也有廣東和香港的商團，正好都是中國皮草產業的重要地區。稍微留心，就能發現每張中式圓桌前都有一位帶頭的小組長，所有人都是男性。河北是狐狸與貉的主要養殖和加工地，山東是水貂養殖的主要省分，東北三省不只有養殖業，更是消費重地，以百貨公司形態專門銷售皮草的「皮草城」遍布市區。而廣東是重要的加工區，香港則扮演了貿易樞紐的角色，極大部分的外國皮草是從香港進口，再銷往中國加工和銷售。皮草商人或是以地域為盟，又或是各自在小團體中扮演不同的角色，每年有百日以上的時間在全球各大皮草拍賣行聚首。

混跡在這群皮草商裡，我們幸運地分配到一張小桌子，既獨立又能聽見周遭的對話。桃子不識中國各地口音，於是我負責將耳朵伸長了聽，再用手機傳重點訊息給她。剛從皮草拍賣行離開的大夥兒似乎想放鬆休息，不願多談公事。等到酒過三巡，我們重施故技，以受大雨所困、人在異鄉不知何處可去為由，與那位年輕的皮草商「小毛」攀談，他便邀請我們一起去賭場開開眼界。小毛年紀不大、皮膚白皙，眼神仍帶有彷彿大學剛畢業的神采，給我一種誠懇、不說謊的感覺，好像我們真的是在他鄉相識的朋友。

來到賭場櫃台，我才知道每個人都要出示並登記護照方能進入。

這時，一位喜怒不形於色的中年皮草商一把拿過我的護照端詳，我擔心自己的名字被記住，急中生智表示證件照很難看、見不得人，將護照奪了回來。皮草業界中，年紀較長者多半沉默嚴肅，有些看似較和善的，口風也很緊。相較之下，二、三十歲的小夥子不僅健談，也表現出對我們的興趣。桃子很懂得如何與他們聊天，不時吹捧一下，也刻意恰如其分地表現出無知和好奇。數個小時後，小毛慫恿我們第二天到拍賣行見世面。「那裡有吃的、喝的，什麼都有，都是免費的。如果妳們不知道要去哪裡，就來看看吧！」他說。

## 深入戒備森嚴的拍賣行

我和桃子當晚反覆推敲如何臨機應變，一夜難眠。隔天一早，我們照著小毛提供的消息，搭上飯店門口前往拍賣行的交通巴士前往。然而，當身處不知名的鄉間，站在那個必須刷實名入場證才能進去的貨倉前，我一時之間仍然不知所措。

一轉眼，桃子已經很自然地隨著人群通過了閘門，站定轉身看著我，神態自若得就像在等候同事。我因此更感到緊張害怕，想著若在這高速公路旁的貨倉門口進退兩難，外面下著傾盆大雨，無法離開的我，要如何向人解釋一個孤身的亞裔女子何以出現在全球戒備最森嚴的皮草拍賣行？櫃台人員就在我旁邊，半低著頭，眼前的屏幕顯示著陸續通過的買家資料。人人都是彼此熟識的，畢竟全球皮草產業的小圈子不過近百人……不再多想，我一咬牙，貼在一個人身後迅速通過了閘門。

沒有被發現。

在廁所喘口氣後，我們進到了檢皮室（檢驗皮草品質的房間），眼前是幾乎望不到盡頭的偌大廠房。穿著白袍的驗皮人員大多是來自中國的買家中最具眼力的好手，各個伴著設置得很低的日光燈管，仔細地對一捆捆皮草進行品質檢查。「牠們是養殖場裡的豬。」

一名年齡和我相仿、來自台灣的男子，指著我們身旁和人的軀幹差不多長的藍狐（blue fox）皮草，熱情地介紹著。

二〇一六年開始，中國業者每年引進活體藍狐進行育種繁殖，除了少數和中國商人交易的芬蘭養殖場以外，當地的養殖戶都產生了危機意識，深怕自己將被中國養殖業所取代，同業公會甚至計劃取消那些把狐狸賣到中國養殖場的會員身分。時至二〇二〇年，中國與芬蘭業者的活體動物交易仍在進行，公會與少數養殖場一度僵持不下，飼料商拒絕和該養殖場交易，導致藍狐幾近斷糧。嚴重的動物福利問題受到全國性報紙的大篇幅報導，過往和皮草業者勢不兩立的動保人士也罕見地與多數業者站在同一陣線，一致反對活體動物的出口。[1]

## # 命運悲慘的怪物狐狸

野生狐狸通常僅有 2.5 至 3 公斤左右，但是為了要取得更大張的皮草，這種透過人工基因篩選，並餵以高脂飲食的藍狐（變種的北極狐），能夠長到 16 至 19 公斤，是正常狐狸的 6 倍！層層疊疊的厚重毛髮，使得牠們幾乎無法站立和移動，眼睛難以睜開，也很容易感染疾病，怪異的外觀讓媒體稱牠們為「怪物狐狸」（monster fox）。芬蘭是主要的藍狐養殖國，而中國人正是主要買家，拍賣行裡的人告訴我，這裡有近 90% 的藍狐皮草會被賣到中國。其實，芬蘭早已禁止業者用這種極其違反動物福利規定的方式飼養藍狐，但是業者依然故我，以飼養出最大、最重的藍狐為傲。動物保護的執法不力，同樣發生在這個國度。

1 / 2

1. 在皮草拍賣的現場，華人和韓國買家佔了絕大多數。

2. 拍賣行的門口大廳展示了皮草產品的設計趨勢，如地毯、嬰兒玩具和背心，還有以狐狸皮草製成的兔子玩偶。

1
2

1. 芬蘭的動物權利組織「動物正義」（Oikeuttaeläimille）調查拍攝的藍狐。牠們總是被過大過重的皮草壓得難以移動，還有許多疾病。

2. 檢皮室裡的作業。

而眼前這位台灣人有著中等偏胖的身材，穿了一件條紋襯衫，頭髮以髮油向上梳理，談吐就像是台北鬧區常見到的年輕人。他的臉胖胖的，有些介於尚未消退的嬰兒肥到中年發福的階段，與他所介紹的「怪物狐狸」正好有些相似。在這裡竟然有人和我們一樣來自台灣，是我完全沒有想到的。台灣的皮草產業和中國有什麼聯繫？在全球貿易中扮演什麼角色？我無法回答。更令我憂心的是，面對香港和中國大陸的業者時，我還可以宣稱自己不使用微信等社交平台，或是語言和生活習慣存在差異，保持一個進可攻、退可守的安全距離。但是，來自台灣的業者少，動保行動者更少，我混合了中國北方和台灣的特殊口音，卻可能讓假身分露出馬腳。

## 「歡喜碰碰狸」今何在？

看完藍狐皮草後，我們行經數十排褐色和黑色參差的貉皮草，它們顯然不是這位台灣的年輕業者感興趣的事物。我卻暗自心驚，這種也被稱作「芬蘭浣熊」（Finnish raccoon）的貉（raccoon dog），外貌與浣熊相似，是由東亞引入、用作皮草養殖的物種。在今天，大多數人只聽過成語「一丘之貉」，卻不知道牠們長什麼樣子，即使是中國北方一帶的原棲地，人們大概也不太熟悉這種動物了。在日本旅行時，遊客經常可以見到卡通化的、帶著酒瓶和大肚腩的「狸」，其實就是貉。牠們廣泛分布在東亞，和人一樣喜歡住在水源附近和丘陵地，但是由於城市的發展，貉的生活空間被擠壓，如今只能在水泥叢林裡求生存。吉卜力工作室於一九九四年出品的《歡喜碰碰狸》（《平成狸合戦ぽんぽこ》），講述的正是這樣的故事。

在歐洲，由於這些食肉目的犬科動物經常從養殖場逃走，非但會吃水中的魚蝦蟹，也會捕捉陸上的小型哺乳動物和鳥類，當地獵人尤其討厭牠們，歐盟已將其列入「外來入侵種」（invasive species）名錄，芬蘭政府更通過法令，任何人都可以用不受限的方式殺死貉。[2]由於皮草產業造成的生態威脅如此嚴重，全歐洲僅剩芬蘭和波蘭兩國仍可以合法養殖。關在養殖場內的貉只能在剝皮之日到來時，首次離開牢籠；拚了命逃到鄉間野地的少數個體，卻也躲不過人人喊打、除之而後快的悲慘命運。

來到轉角處，在一個孤立的架子上，有數十條陌生的動物皮草，色褐且暗，我困惑著不知這是什麼動物，伸手撐開這約莫和我手臂等長的皮草，赫然見到上面分布著數個銅板大小的孔洞與細小皮屑。「這是怎麼回事？」我問那位台灣男生。再看，另一張皮也是千瘡百孔，再看一張，亦是如此，有的洞甚至達到小孩拳頭般大小。「這是紫貂！」我心中暗道。紫貂是產量少而名貴的物種，那些洞，就是牠們身處狹小的鐵籠中、因為

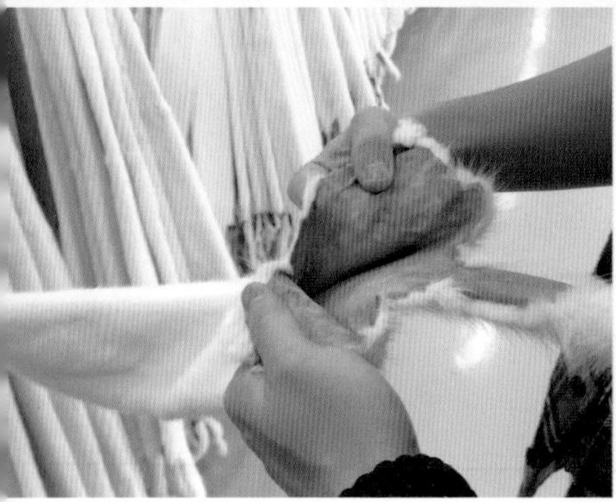

1
2 | 3

1. 拍賣行裡的貉子皮草。至今芬蘭政府仍允許規模化養殖貉，牠們被刻意稱為「芬蘭浣熊」，以轉移民眾對其英文名稱中的「狗」和外來入侵種造成的生態問題的關注。

2. 拍賣行中有著近千萬張的動物皮草，業者向我們展示白色的水貂皮草。

3. 拍賣行裡的紫貂。

緊迫且生活單調而自相殘殺的證明。牠們生前暴露的傷口，在死後成為了永遠的印記。

## 筋疲力竭地踏上歸途

數月之前，我曾以媒體和學生身分試圖與拍賣行聯繫，以在北歐進行採訪作為此次行動的備案，因此還印製了假名片。由於皮草產業的特殊性，我們皆已預期這種公開的聯繫不會順利，或是僅能反覆聽到種種官方說法（如「人道養殖」、「動物福利良好」或「倫理的皮草」等極具混淆性的概念），收穫將極為有限。但由於後期已經取得進入拍賣行、養殖場、研究機構的機會，我們便斷然放棄備案。然而，業內重要人物的基礎資料和相貌，我們早已爛熟於心，在拍賣行這個小圈子待上一天，不免幾次狹路相逢。

### # 好的產品代表好的動物福利嗎？

不少動物養殖業者聲稱，為了維持「商品」良好的品質，他們總是提供最好的動物福利條件。這樣的說法乍聽之下頗有道理，卻存在著嚴重的謬誤。動物的死、傷、病，雖然都可能造成業者的損失——以皮草為例，動物在取皮前死亡，以及遍布皮張的傷口，都令養殖場的利潤受損——但所謂「優良」的皮草品質，卻可能如藍狐一般，是在犧牲動物福利的前提下達到的。動物製品的品質與動物福利的優劣並非直接相關，兩者更不是正比關係。

這裡的工作節奏很快，除了午休時間以外，幾乎人人都在檢皮室或拍賣廳作業。由於北歐諸國的養殖場全數與位於芬蘭的「世家皮草拍賣行」（Saga Furs）、丹麥的「哥本哈根皮草拍賣行」（Kopenhagen Fur）合作，動物的統計數字明確，從品質分級到冷鏈運送等環節都相當成熟，即使不到拍賣會現場，當季拍賣的情況也都有即時的網路訊息。好不容易來到現場的我們，無須收集交易的即時情況，而是要與業者接觸，了解中國和北歐的產業互動現況。

吃東西、談天、進出洗手間、使用手機和拍照，是桃子和我反覆搬演的活動，假裝對拍賣行裡發生的事物不太感興趣，也掩飾了我們正在悄悄錄音。一整天下來身心俱疲，何況我們一方面要尋找願意聊天的中國買家，想話題、探口風、用心記，不時確認裝備設定，還要避人耳目。時間愈接近傍晚，愈發感到精疲力竭。在這個出入皆要實名卡片驗證的環境中，我們彷彿兩頭困獸，佯作鎮定，只待拍賣結束後，混入開往市區的巴士。終於，當天最後的交易一槌定音，在買家魚貫湧出之際，我倆分散在陌生的臉孔中乘車踏上歸途，伴隨著雨水，在長途公路上懷揣著心思、閉上唯恐流露出祕密的眼睛，一路奔回小小的基地。

## 追溯產業起源

在芬蘭進行田野調查的最後一個行程，我們來到了一處鄉下車站。與「博士」約定的時間仍未到，於是我們走進一座尋常的地方動物園——就像世界上常見的那樣，在鐵道周邊或終點站設立的動物園。我們倆去參觀了那些免費的展場，在這個午後，懶洋洋的動物似乎頗為享受，但是我的心臟卻跳得很厲害，手心也發冷。

時間到了，我們如約出現在車站，年近七旬的博士也現身了。這位資深的芬蘭皮草產業研究者個子很高、滿頭捲曲的白髮，笑容滿面。帶我們走一圈近郊後，她一度忘記車停在哪裡，而這也讓我著急，深怕一路上心不在焉地聽她東聊西扯的自己會被看穿心事。我不時示意桃子放慢腳步，和她說幾句悄悄話，為彼此壯膽。

來到博士的家，她坐在輪椅上的兒子親切地歡迎我們。她是芬蘭具有代表性的學者，數十年前的博士論文即以芬蘭小型的農村皮草養殖業和社區發展為主題。工業化、資本化的皮草行業發展至今，愈來愈向大型的養殖場轉變，和社區與環境缺乏互動，似乎令提及這個現象的她頗為憂心。

「妳們吃肉嗎？我準備了燻鮭魚。」她端出了紅豆湯，一邊問道。對於這個簡單的問題，我和桃子竟有點猝不及防，兩人中負責「扮傻」的我不作什麼反應，而桃子居然也沒吭聲。在國外進行調查時，外國人的身分有利也有弊，除卻重重不便，且壓根兒不會有什麼假身分被視破的危機之外，聽不懂當地語言、英語勉強可說可聽的樣子，以及和同伴不時以母語交談的作法，讓我和桃子就算用中文或台語說上兩句話，也顯得還算自然。其實，桃子有一半以上的人生在歐洲度過，英語對她而言較中文更為熟稔，在芬蘭可謂無往不利。相較之下，扮演著依賴她的語言長才、英語會話笨拙的我，則能爭取到更多的反應時間，還可以假裝聽不懂英文，用中文和桃子稍微討論一番。

「妳們吃肉嗎？」好客的主人又問了一次。「當然！怎麼能不吃呢！」桃子說，於是博士立即把一盤鮭魚放在她的面前。「薩拉．圖奧米瓦拉（Salla Tuomivaara）是很知名的動物權行動者，在整個芬蘭都很出名。妳們是她介紹來的，我想也許是素食者……」接著，她從我們身後的書架上取出一本書遞給我，翻開書頁，竟是薩拉二十歲出頭時的作品。薩拉其實是我在北京生活時就認識的好朋友，當我意志消沉、深為同情疲勞所苦之時，認識了旅居中國的她。薩拉也是我所知道的第一位從青少年時期便投入動物保護的人，十歲那年，她就向「動物王國」（Animalia）和其他組織申請傳單分送給學校同學，高中時，正式成為一名活躍的社會運動者。

活躍的動物權利倡議者薩拉和我在庇護所中與牛拉堤（Late）合影。一般肉用牛通常在長到這樣的體型之前就被屠宰，因此拉堤很可能是全芬蘭體型最大的牛。

桃子的反應總是比我敏捷，說道：「我們也是透過別人才聯絡上她，根本不熟。」「她也是我們想訪問的對象。」我補充了一句。

## 全球化時代的皮草貿易

「真好吃！」桃子轉移了尷尬的話題。我默默感謝身為素食者的她，竟能看似自在地咀嚼動物肉。在我們面前還有紅豆湯、玉米粥，加上各式麵包和沾醬，桃子更向博士介紹我是一名佛教徒——這當然也是扯謊。接著博士又端上兩本厚重的資料，上頭積著不少灰塵，想來已有段時間不曾翻閱吧。她一邊盯著我們吃，一邊翻開第一本冊子說道：「這是一九八九年，中國政府想要發展當地的皮草養殖業，但是不知道該怎麼做，於是邀請了一批芬蘭的皮草業者去那邊教他們養動物。」她說。「那邊？那是哪邊？」我問。「唔。我找找看……」博士翻開一本名片冊，中國數十年前印刷的英文字體乍看有些彆扭。她抽出一張張名片給我，「黑龍江省」，我小聲地讀了出來，「是的，就是那個地方！」博士說。「他們也邀請我一起去，我們幫助那裡建立皮草養殖業。」說著，她將一本老相簿推到我面前。我端詳著這張家庭相紙中的人，同時試著平復驚訝的心情。相片中似乎是一些示範性飼養場，在今日的標準下，籠舍都稱得上相當乾淨，但是看不出養殖的規模，然而，照片的主題顯然更在於芬蘭業者的造訪。

博士發現我們對這個話題很感興趣，在書架上來回搜尋，最後拿出一個白色的資料夾。「這是當時我們帶去中國的，上面有中文。」那是一個A4大小的紙質文件包，封面是一隻褐色的水貂，翻開內頁，一頁大約有兩張照片，從養殖籠、育種的選擇，到「皮草是什麼」這類基本的問題都加以說明。粗略翻閱一遍，都是些業內最基礎的知識，像極了我們在中國使用的動保行動懶人包（campaign kit），兩者形式接近，只是目的南轅北轍，讓人不由得感到諷刺。

「妳還和他們保持聯繫嗎？」我問。皮草業者之間的聯繫密切，要是眼前這位慈祥的太太說溜了嘴，我們的調查豈不又添了風險？「沒有，離開中國後，我們不曾聯絡。」正如同芬蘭的皮草產業，中國的皮草養殖業一方面與全球化時代的國際貿易已無法切割，另一方面，也早已不是傳統農村每戶各養幾隻動物那般的合作社模式。飼養三百隻狐狸或貉子，還有一千頭以下的水貂，在中國皆屬「家庭式養殖」，近年來，這類養殖場數量一直在縮減，[3]取而代之的，是從育種、飼養、取皮、硝染、加工、服裝設計、品牌到銷售店面等「一條龍」式的完整產業鏈。來自中國北方的匙亞告訴我，一九八六年起的三、四年間，河北保定一帶的農村家家戶戶都養過貉，一養就是十多隻。商人在每年年初兜售貉子幼仔，宣稱入冬會再來「收皮」，實際上卻等不到人，因此村民乾脆自己吃了牠們。「即使難吃，我們也是吃了。」匙亞認為這根本就是一場農村騙局。現今，無論在芬蘭或中國，家庭後院式的養殖場已很少見，博士稱頌的社區互助式的農村烏托邦，可曾存在？

離開那個有著典型芬蘭桑拿房的公寓，博士一路送我們回到鄉間車站。詢問之下，我們竟是她畢業以來第一組因為她的研究而來訪的人。在一晃四十年的時光中，「中國皮草養殖業在今天，早就不可同日而語啦！」博士說。在列車上，我讀著此行拿到的珍貴資料：一本一九八〇年代芬蘭人給中國業者的教戰手冊，我不願將這位熱情的長輩視為始作俑者，然而，到底哪裡出了問題？

## 芬蘭農業部，請聽我說

在芬蘭停留期間，薩拉為我安排了一場在農業部的演講，這同時也促成了我和農業部代表蘇珊娜·阿爾斯特倫（Susanna Ahlström）針對皮草議題直接面談的機會。中國是芬蘭重要的貿易國，此地生產的皮草更有大半銷往東亞，佔最大比例的買家是中國人，其次則是韓國人，兩者差異懸殊。在與阿爾斯特倫會面前，我和桃子受邀到拉普蘭大學參與一個研究項目，因此也在著名景點「聖誕老人村」見到了官方指定的「聖誕老人」。當時，我不經意看到聖誕老人和中國國家主席習近平的合照，原來他上個月也曾來到拉普蘭。於是，趁著握手寒暄的機會，我問聖誕老人：「習近平是個怎麼樣的人？」「他是個好孩子。（He is a good boy.）」聖誕老人答道。下一瞬間，我想起了中國養殖場裡千千萬萬的動物。我相信，絕大多數人不會想去傷害動物，更不會以虐待牠們為樂，習近平這個「好孩子」應該也是如此吧？

這次的北歐之行令我受益匪淺，然而，我的研究是否能轉換成對零皮草運動的助力，卻是無人能回答的問題。除了對我個人的意義以外，我非常希望自己也能為當地的動物倡議盡些心力。在農業部與阿爾斯特倫見面之際，她首先表達了政府支持產業發展，並認為兩國之間的貿易對雙方都有正面效益，進而強調芬蘭產業的動物福利是受到管理的，一言以蔽之，就是「雖然我們了解妳對動物的關心，但這是價值觀的差異」。「妳還有什麼問題嗎？」她問。

二〇一二年，行動亞洲團隊協助德國導演安東尼婭．科恩（Antonia Coene）在浙江崇福拍攝皮草加工廠的紀錄片《皮草的真相》（*Die Wahrheit über Pelz*）。影片中的工人身處五顏六色的有毒染劑與化學物質之間，沒有任何防護，甚至常用這些極度危險的污水梳洗身體。在中國，高污染的皮草加工業嚴重威脅了工人的健康，更直接帶來水、土和空氣污染。我說明，這些傷害是不可逆的，也是身在芬蘭的人們看不到的。很多人實際上沒有選擇其他工作的機會，貿易活動和產業規模化發展的現實，促進了這種明顯的傷害，這不是動物福利的問題，也並非價值觀的差異。芬蘭既然不會發展這種高污染的加工業，中國的人和環境又有什麼樣的理由應該被犧牲？

聽完我的回應，阿爾斯特倫陷入了沉默。關於隨著中國的皮草產業發展而來的污染現況，我還準備了中國中央電視台的調查報導和其他相關資料。在大約四十分鐘的談話中，我突然想起數十年前芬蘭知名的「狐狸女孩」（fox girls）——幾個潛入皮草養殖場、解放籠中動物的女孩。這種「直接行動」觸發了社會對皮草議題的討論，但至今沒有人知道她們的真實身分。當年另一類型的反皮草行動，是將一種無法被去除、但對

## # 皮草和消費者健康

針對歐洲和中國市售皮草的研究發現，無論是男裝、女裝，還是兒童服飾中的皮草，絕大多數在加工後都有著六價鉻（hexavalent chromium）、甲醛（formaldehyde）和鉛等有毒物質殘留。其中六價鉻容易造成腎臟、神經和生殖系統損傷，甲醛則會誘發過敏和癌症，有些檢測出的致癌物質甚至超過法定濃度的250倍！[4]

動物無害的染劑偷偷淋在養殖場動物身上。這些動物雖然最終也會被殺死，但養殖戶卻無法從牠們身上賺取利潤。時至今日，有更多推行「零皮草」倡議的方式和團體，在北歐諸國仍然相當活躍，除了動物保護的道德訴求、環境保護以及消費者健康外，人畜共通疾病的預防和管理，也在新冠肺炎疫情期間成為禁止皮草養殖的強大理由。

走出政府辦公大樓，我不禁感到這天是一個特殊的日子。由於無數的倡議者前仆後繼的努力，社會大眾慢慢看到了動物的處境，這裡的皮草產業逐漸萎縮，年輕人也愈來愈不願意接手這種爭議性產業，「零皮草」如今已是主流觀念。雖然北歐的皮草養殖已陸續將重心轉到東歐，更以中外合資的模式在中國落地，但是，許許多多的動物議題已受到嚴肅的看待和討論了。

Column

# 庇護所裡的鬥士

告別芬蘭前夕，我們來到當地第一家農場動物庇護所，拜訪一位特別的居民——藍狐「奧托」（Otto），能夠在養殖場以外的環境見到狐狸，桃子和我都很期待。奧托是一隻自養殖場逃脫的狐狸，曾經在芬蘭的工業區遊蕩，所幸遇到好心人餵食，後來又被送到圖利斯帕（Tuulispää）庇護所。[5]

「庇護所」（sanctuary）不同於一般所理解的「收容所」，而是能讓動物接受良好的照顧、頤養天年的地方，台灣少數的佛教護生園也有著庇護所的性質。

圖利斯帕庇護所成立於二〇一二年，現在是八十多隻動物的家，「牠們的共同點是無處可去，或是生命受到威脅」。成立這個庇護所的想法，來自一位退休舞者皮亞（Piia Anttonen）。她相信，透過一個擁有較多農場動物物種、但動物數量不必太多的場所，有機會讓參訪者在接觸動物的同時認識牠們的故事。這個可以從事志工服務的地方，對於改變人們對經濟動物的態度、促進動物保護的發展肯定有所幫助。

桃子、我與獲救的奧托。

在動物權利團體「動物王國」的支持下，很快地，人們送來的牛、羊、豬、雞、鴨、退休的馬，以及像奧托這樣自行從養殖場逃脫的生命鬥士，陸續住進了這個溫暖的家。皮亞現在仍負責管理這個地方，也是唯一全職照顧數十隻動物的人，她的生活充實而忙碌，但仍熱心地向我們介紹每隻動物的來歷和性格。

我們帶著興奮的心情與奧托見面。牠和另一隻名叫「夢」（Unelma）的母狐共享一個有小木屋的花園。奧托的行為很像小狗，詢問之下，原來平時吃的也是狗糧。牠和「夢」看來相處良好，但是兩狐其實已經磨合了一年多的時間，現在牠們終於會輪流叼著小木棍，邀請對方加入你追我跑的遊戲。我們見到奧托時正值夏季，完全看不出來牠身上流淌著人工培育的超巨大「怪物」基因，卻能從牠彎曲的前肢及身上特異的顏色，辨識出牠來自養殖場的悲慘過去。野外常見的狐狸種類主要包括橘紅色的赤狐（又稱紅狐）和北極狐，冬天的北極狐有著雪白的毛髮，換季時，冬毛會逐漸被灰黑色的夏毛取代。在換毛的過程中，長長的冬毛隨風散落，讓牠們看起來像極了一朵將被吹散的蒲公英。現今常見的狐狸皮草，包括黑色的「銀狐」（silver fox）和淺灰色的「藍狐」，都是人工培育出來的種類，野外並不存在。

我們來到奧托和夢共用的小木屋，地上鋪滿了厚厚的墊料，皮亞指著牆上最高的位置，告訴我們那是奧托睡覺的地方。害羞的夢則在牠們進出用的小門外，好奇地偷看我們的一舉一動。「為了防止狐狸逃脫，木屋和圍籬必須有一段距離。圍籬要設得很高，地面以下還要有數公尺的深度，防止牠們挖洞逃跑」，皮亞說。

奧托非常親人，喜歡從人的手上吃食物，甚至會靈巧地爬到皮亞身上。固然，狐狸不應成為家庭中的寵物，從動物福利的角度來看，絕大多數的居家環境無法滿足牠們的基本需求；從動物權哲學的角度來看，人們不應該繁殖、飼養、販賣動物，牠們的生命不應被人所主宰。然而，庇護所可謂是一種獨特的場所，無論是在野外已無法自行生存的農場動物，或是無法放歸到原生環境的野生動物，這裡都是牠們永遠的避風港。

圖利斯帕庇護所的網站寫道：「這裡的宗旨是盡可能提供動物最好的生活環境，為了提升動物福利，我們也會對動物進行一些必要的訓練。」這些說明，都是希望讓民眾能更理解庇護所照顧動物的用心，並且發揮最大的教育意義。人們可以在此直接和動物接觸，這是一種難以取代的體驗，我想，很多長期和貓狗兔等動物相伴的人，對此應該能有所體會。而且，想擁有這種體驗並不需要去動物園，也不一定要在家裡飼養貓狗，圖利斯帕就是一個很好的例子。我們一定能夠想出更多友善動物的方式，讓人和動物在不傷害彼此的前提下美好相遇。

我拜訪圖利斯帕農場動物庇護所時，害羞的「夢」正好奇地看著我。

1 Taija Rinne, *The bittersweet union of the Chinese and Finnish fur industry*, Animalia Media, Finland. April 22. 2020.
芬蘭文報導：https://reurl.cc/0XxGWK。

2 *Management of the invasive Raccoon Dog*（*Nyctereutesprocyonoides*）*in the north-European countries*, 網址：https://reurl.cc/pMx2KZ；芬蘭對外來物種的控制：https://reurl.cc/O4kgmy。

3 中國國家林業局，《貂、狐、貉繁育利用規範》，2016年。

4 *Toxic Fur : A Global Issue*（ACTAsia, UK, 2018）, p.22.

5 「Tuulispää」一詞用來形容非常匆忙、熱情、行動快速的人。圖利斯帕庇護所網站：https://tuulispaa.org/。

Chapter

# 6

# 北歐黎明前的黑暗

## 目擊皮草養殖場中最後的身影

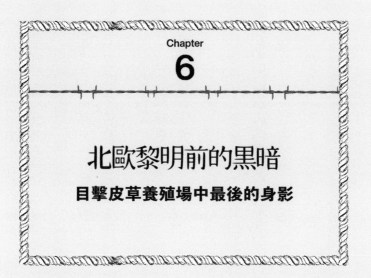

我們已經在芬蘭拍賣行裡露面了整整一天，也和現場許多皮草養殖業者交談過，此地已不宜久留，若要聯繫當地養殖場進行訪問，一來可能暴露身分，二來業者已齊聚拍賣行，能成功參觀的機率也不高，若是引起疑慮，更是得不償失。在看似不經意的談話中，我們確認了中國買家一行將轉至丹麥，於是立即放下所有參訪計畫，提前飛往下個目的地——北歐知名的貿易之都和皮草時尚中心哥本哈根。

## 看見，就能知道真相嗎？

在北歐諸國，某些養殖場設定的公眾開放日（open day）活動已行之有年，為的是讓民眾有機會到養殖場參觀，爭取民意對這個產業的支持。然而，這些養殖場多半具有「示範性」，動物福利高於一般養殖場的平均水準，因此是否真的具有代表性呢？一個表面上管理良好的皮草養殖場，就能合理化整個皮草產業的存在嗎？即使抱持這樣的懷疑，來自千里之外的我們，仍希望有機會一睹北歐的皮草養殖現場。

透過皮草產業協會的網站，我們直接聯繫上距離首都不遠的水貂養殖場，場主漢斯很快就回覆了郵件，表示對自己的養殖場深具信心，同意讓我們前往參觀。

1. 具有示範性質的丹麥水貂養殖場內部看起來井然有序，但只要仔細觀察，就能發現許多受傷的動物沒得到醫療，水貂的各方面身心問題也很明顯。
2. 水貂養殖場的籠舍外觀。

於是，在一個風和日麗的午後，我們先搭火車來到這個古老的小鎮，再轉公車從市區出發，直至鄉間的土路終點，一處芒草比人更高的地方。我的嗅覺並不是特別靈敏，但仍循著養殖場的動物氣味找到了漢斯的住處。

這是我第一次參訪水貂養殖場。漢斯有著北歐人典型的高大身材，態度很客氣，年紀大約五十歲，神情中並無防備，卻也好奇我們兩個大老遠來丹麥過暑假的「中國女生」怎麼會想參觀水貂養殖場？桃子既健談又擅長說故事，將錄音筆交給她保管，再讓她拖住漢斯的腳步，方便我專心探察，可說是最為稱職的幫手了。漢斯家與養殖場只有一牆之隔，經過消毒地墊，我們來到一間間棚屋，裡面是一籠一籠的雪白水貂。遠遠看過去，水貂在狹小的籠中萬頭攢動，表現出被業者稱作「就像人類上健身房」的刻板行為。水貂在野外的活動範圍約是一至三平方公里，然而，在這些貧瘠的鐵絲網籠中，牠們只能日復一日重複著無意義的行動以排遣生命的寂寞。

## 丹麥水貂養殖場

我們一接近籠子，水貂便此起彼落地發出尖叫，好奇似地將身軀盡可能靠近我們，前肢扶在籠網上，僅用後腿站立。牠們的聲音高而細，並不是太大聲，我區分不了牠們是在漫長而無聊的日子中，因為一絲絲的變化而感到興奮，或是由於陌生人的出現而驚懼。「對不起、對不起、對不起」，我看著這些終生受苦的動物，在心中反覆說著，為自己無力在實質上幫助牠們感到難過。

每個籠子上方都貼有一張白色紙條，上面記錄著這隻水貂的生產次數、每回生下的孩子數目。一般而言，水貂媽媽以第二次懷孕的產子量最高，在第四次產子後，「產量」下降的牠們也會被製成皮草。漢斯戴起防止動物抓咬的手套，打開籠子抓出一隻水貂寶寶。我以手指輕輕滑過牠的背，錦緞似的毛皮濃密，比貓毛更有彈性，正是我所熟悉的水貂皮草觸感。漢斯示意我們可以抱著水貂寶寶玩一玩，但見我和桃子似乎無意如此，也就作罷。

「那妳們還想看什麼？」他一邊問，一邊信步於數百個網籠之間。除了白色的水貂，其他棚舍還飼養著褐色或黑色的水貂。皮草動物的養殖，就像是一場豪賭，沒有人能夠準確預測該年度市場會流行什麼顏色，端看設計師和皮草商的操盤運作。雖然說「多養多賺」，但市場供過於求時，價格必然下跌。無論如何，水貂的生命週期是早已注定的了。每年入冬，在毛皮最為濃密、能為牠們提供保暖時，就是僅數月齡大的水貂的死期。

每當我有機會參訪養殖場，都一定要盡可能看到每個棚舍。某一年我與夥伴在沖繩田調時，因為時間有限且自恃視力良好，僅略為探看某座養豬場的部分棚舍後就離開。未料之後卻從放大的相片中，發現某個角落堆滿了病死豬，層層疊疊至少有數十頭屍體，直至天花板，那幅景象讓人至今難以忘懷，因此桃子和我想盡可能在養殖場多待一段時間。走到「處理」動物的區域，漢斯向我們介紹了一個棺木大小的箱子，它的功能也和棺材差不多——然而動物是活著進去、死了出來——這就是「處死箱」（killing box）。「到了取皮季節，我們就把水貂一隻隻放到裡面去，然後用管子接上汽車排氣管，十五到二十秒後，牠們就死了。」漢斯強調：「牠們沒有痛苦！」

首次看到這個箱子，我的心情有些複雜，想像

這家水貂養殖場和世界上其他地方一樣，總是把飼料直接放在水貂籠子上，沒有提供飲水，一名工作人員就可以飼養上千隻動物。

1
2

1. 水貂養殖場的處死箱。工作人員將水貂從籠中抓出後，由箱子上方的洞口投入，等到箱子塞滿動物後，再接上汽車尾氣毒死牠們。

2. 處死箱上方有個可以觀察內部的窗口，窗口小、內部陰暗。「真的能以此確保動物們很快地死亡了嗎？」我不禁懷疑。

著動物會是在什麼樣的恐懼之中被投入箱子上的小孔，然後與三十到一百隻全然陌生的同伴，在沒有光線的環境下受死⋯⋯那是種怎麼樣的滋味呢？根據英國動保團體「尊重動物」（Respect for Animals）的研究指出，這種處死方式令動物福利嚴重受損，不僅因為在啟動汽車之前，水貂與一群陌生同伴如同被活埋似地擠在箱子中，本身就會產生緊迫，更因為這些毒氣的成分、濃度和處死動物的效果直接相關。[1] 水貂本身就是親水性強、會閉氣的動物，能潛水長達四十秒至一分鐘。在此情況下，處死箱真的能以「符合動物福利」的方式殺死牠們嗎？結論是令人懷疑的。

在新冠肺炎流行期間，丹麥養殖場的水貂被工作人員傳染病毒，病毒在水貂身上變異後又傳染給人類。這是科學家第一次完整觀察和追溯人畜共通病在跨物種間的傳播。丹麥政府為控制疫情，下令撲殺全國一千七百萬隻水貂，更由於擔憂水貂養殖將威脅人用疫苗的有效性，暫時禁止水貂養殖至二〇二一年底。[2] 疫情期間的命令和執行皆相當粗糙，許多養殖戶拍攝了政府人員處死水貂的過程，然而，從人們的動作就可得知他們並不懂得如何正確地抓住動物。由於發動機故障，牠們沒被毒氣殺死，而是昏昏沉沉地四處遊蕩，在民眾的花園中被發現。這種現象正是關心皮草議題的人們長期以來擔心的問題。如運載了水貂屍體的卡車作業疏忽，在公路上掉落了上千具屍體，又由於撲殺令已接近取皮季節，有些業者不惜違反規定，將動物先行處死、取皮，在取皮操作台工作的人因而染疫。凡此種種，既是人類的、也是動物的災難，讓許多人對於丹麥政府對皮草產業的管理能力失去信心。[3]

漢斯僅有少數幾次接待亞洲訪客的經驗，然而，他卻說出一個令我們感到意外的訊息：「大家都去過中國。」「大家？你指的是誰呢？」我問。「就是所有的皮草養殖戶呀！」漢斯答道：「中國現在的皮草產業發展得很快，我們都想要和中國人做生意，大家都去過中國看那裡的養殖場。」原來，中國的皮草產業確實距離丹麥並不遠。我想起了大連名門水貂養殖場，宣傳影片中即強調他們聘用了丹麥專家指導飼料配方、餵養和照顧方式，種貂也全部由丹麥引進。漢斯接著說的話，令我又吃了一驚：「我們這裡好幾個養殖場都被中國人買下了。」「這不就是妳們今天來這裡的原因嗎？」他說。

離開養殖場以前，我們在鐵皮柵欄旁注意到了防止動物脫逃的設備。「就算動物從籠中跑出來也不用擔心，四面都是光滑的鐵皮，我們只要在牆邊放置捕捉籠，一定會捉到牠們的。」說完，漢斯走向熱情迎接他回到住處的狗。告別養殖場後，我轉頭看著他隨狗兒步入家門的高大身影，消失在紗門後。

## 計畫趕不上變化

離開丹麥，我們前往本次田野調查的最後一站。「據說，挪威是此行中最美的國家哦！」上飛機前，桃子開心地說。懷著連日來田野調查的不安，並在旅途中四處拜訪、借宿於不同的動保志工家，全心全意投入研究的我突然愣住了。直到此刻，我才意識到這次旅程走訪的，正是自己長期以來嚮往的北歐諸國。從「千湖之國」芬蘭，到以峽灣景觀聞名的挪威，人們想到的往往是北歐美麗的自然和人文景觀，又有多少人關注這些獨特的景色中無數受苦的動物呢？儘管如此，在悲慘的養殖場和利潤龐大的產業之外，原來仍存在一些美好的事物有待我們去感知和體驗。

北歐擁有歷史悠久的皮草養殖傳統，其中每個國家的生產特色和法規都有所不同。芬蘭是歐洲少數可養殖貉的國家，貂、狐、貉的養殖場都有；丹麥號稱全球水貂養殖第一大國（有時取皮數量會被中國超越），也頻繁輸出活體水貂到中國，但禁止養殖狐狸；挪威長期以來的經濟支柱則是石油和農漁業，皮草皆依託芬蘭和丹麥的拍賣行進行銷售。來到挪威，我最期待的是親眼觀察此行中尚未見到的狐狸養殖場，為此既聯繫了皮草業者，也透過動保團體尋求願意接待我們兩位「來自中國的年輕小姐」的養殖戶。意外的是，抵達挪威的第一天，當地志工的疏失令我們的背景曝光。為了即時止損，桃子和我討論後，認為如果仍冒險前往養殖場，難保不被發現，最糟糕的情況是所有的研究累積都可能功虧一簣，於是我們決定取消全部的參訪行程。耗費了大把預算，來到物價最高的挪威境內，最後卻不知何去何從。在奧斯陸街頭，兩人相對無語，悵然若失。

我們此行的另一個目的，是與長期以來在該國推動零皮草議題的團體見面，交換訊息。接待我們的是挪威最具有代表性的動物權利團體挪亞（Noah）的負責人西里・馬丁森（Siri Martinsen），除了半日的開會討論，他還為我們出了兩個主意。原來，除了提供皮草，也有愈來愈多人喜歡把狐狸當作寵物飼養，挪威本地就有皮草養殖戶轉型成為寵物狐繁殖商的例子，美國人則是他們最主要的客戶。在台灣，將狐狸視作寵物的現象也同樣存在，網路上就有不少社團，還有飼主經常拍攝影片，分享牠們的生活點滴。

狐狸本來是生活在大自然的野生動物，從森林、沙漠到北極，廣泛分布。牠們往往成雙成對，以家庭為單位活動，有著複雜的社會生活。紅狐每天行走約十公里，領地為〇・五至十平方公里；北極狐則在一個季節中能遷移約一百公里，家庭活動範圍更達二十至三十平方公里。在自然環境中的狐狸會挖掘帶有很多隧道的洞穴，以尋找食物或挖洞躲藏，也常跳躍起來，以身體在空中畫出美麗的弧形後，一頭鑽進雪地裡捕食雪兔、老鼠或其他獵物。但是，在皮草養殖場裡，狐狸被單獨飼養在〇・八至一・二平方公尺的籠子中，牠們之間沒有社會交往，更被剝奪了跑動、挖洞、玩耍和探索的機會。二〇一八年，有一隻年幼的野生北極狐在七十六天內行走了三千五百公里，[4] 在我心中，牠和人類冒險家一樣充滿勇氣和好奇心。然而，人為圈養下的動物沒有機會選擇做一隻不平凡的狐狸，甚至根本無法發揮天性，牠們生命中所有的可能性都被我們佔有的欲望葬送。有些籠養的狐狸所擁有的活動空間，甚至比養殖場的籠子還要小，生活環境缺乏遮蔽、缺少豐富化，出現明顯的刻板行為。無論是動物園、養殖場，還是人們的居家生活空間，都不是適合狐狸的生活環境。在養殖場中的動物福利問題，在「寵物」狐狸身上一樣存在。

西里給我們的另一個建議，是以外國學生身分申請參訪挪威某農業大學的教學實驗養殖場。這樣的場所具有一定的公眾教育性質，與業界雖然保持密切合作，卻未必有即時性的聯繫，若是前往，既可以詢問許多養殖知識，又可以保有一定的身分隱私。我們欣然接受了這項提議，並立刻著手準備。

## 挪威大學的實驗養殖場

在奧斯陸，我和桃子暫住在一間政府以優惠價出租給行動者和藝術家的公寓，也就是紀錄片導演奧拉家的客廳。奧拉大約四十歲出頭，留著清湯掛麵的中長髮和落腮鬍，他家裡的所有東西都又高又大，食物和日常用品也都完全不使用任何動物成分。出發前往鄉間僻靜的養殖場時，我問他，梳著兩條辮子、臉上塗了薄粉又擦了腮紅的自己看起來像是幾歲？他端詳了一會兒，說道：「可以是任何年齡。」這回我們扮演的是高中剛畢業的年輕學生，有志於學習動物養殖，想在選擇大學裡所謂的「動物科學系」前，趁著暑假參觀嚮往已久的知名研究型農業大學。

出入皆仰賴步行和大眾運輸工具的我們，實在太早梳化妝了。長途公車停靠在難以辨識的站牌旁，桃子和我在像是高速公路的地方下了車，於烈日下步行了半個多小時，經過水壩、農業用地時，已是大汗淋漓，好不容易才找到通往目的地的鄉間小路。

等待我們的動物照養員是一位中年女性，幾乎不使用英語，我們在她身上似乎看不到任何熱情。參訪意外地順利，原因在於她根本懶得招呼我們，或是難以回答相關問題。她領著我們走進第一個房間，裡面約莫有一打的水貂養殖籠，安置在空蕩蕩的房間正中央。那是北歐常見的標準籠，裡面的水貂同樣表現出嚴重的刻板行為。照養員指了指放在一旁的飼料，原來是「喜躍」（Friskies）貓糧。經過一番溝通，我們才明白這裡所謂的「動物實驗」，就是不斷調整、混合傳統飼料和「喜躍」貓糧的比例，看看怎麼樣養出來的「皮草」會在最佳狀態。出了房間，我指著一個氣體罐子，示意桃子那是這裡的處死設備。由於飼養的水貂數量較少，大學裡沒有處死箱，而是用氣瓶和配套裝置來殺死動物。

進入下一個房間前，我聽到了動物騷動的聲音。門打開後，躍入眼前的是兩兩一對的銀狐，數量僅有六隻。籠子

挪威某農業大學皮草實驗養殖場的水貂，對我們的到來顯得很好奇。

1
2

1. 實驗養殖場的員工逗弄水貂。在養殖情境下的人與動物的互動，以及對彼此的認知都極為貧乏。

2. 實驗養殖場的銀狐。牠的刻板行為嚴重，不斷地來回走動，我好不容易才拍下這張較為清晰的照片。

約為一張個人書桌大小，裡面有些小木塊，是養殖場提供動物的常見「玩具」，讓牠們排遣無聊，作為一種簡易的環境豐富化措施。在籠子中間的高度則設有一層網子，做出了好比「樓中樓」的隔間，然而「上層」的隔間太低，狐狸只能躬著身子。房間的另一頭是數十隻淺灰色水貂，籠子裡的牠們一樣出現反覆的刻板動作，快速地從籠子的一端走到另一端，然後再折返。桃子和我的出現，似乎在短暫的一秒之間，吸引狐狸停下來注視著我們。但很快地，這種環境變化所帶來的短暫刺激消失了，銀狐便繼續在籠子中來回跑動。正如約翰·伯格形容動物園裡的動物「已經失去了注視某物的能力」，我無法捕捉任何一隻狐狸的眼神，牠們的眼睛已不再聚焦、不再擁有獨立的靈魂，顯露的是一種停滯的瘋狂和呆傻。

這裡的動物沒有外傷，這點和先前參觀的丹麥養殖場有些不同，在那裡，我們輕易地就可以發現十多隻水貂身上有明顯的傷口，那是牠們在惡劣的環境下互相啃咬的結果。在跟隨漢斯導覽他的養殖場時，我們曾糾結了好一陣子——是不是該指出這些問題？會不會令他感到臉上無光？是否會讓我們成為不受歡迎的客人？因為他顯然對自己飼養的動物不感興趣，也不會主動觀察動物是否存在任何問題。然而，在這座實驗養殖場，我們並未遇到類似的情況，這是否代表這裡的動物福利條件更好呢？其實不然。這座實驗性質的養殖場規模較小、動物數量少了許多，但也能輕易地觀察到刻板行為等動物福利的諸多問題。常見的情況還包括養殖戶經常提供一小節水管，作為所謂的「豐富化」的措施，卻沒有考慮到水管的粗細應該隨著動物年齡和體型而改變，導致水貂很可能卡在水管裡，進退不得。

我們走出了這個令人難過的房間，照養員指著數十公尺外的棚屋表示，學校新建了狐狸籠舍，是半室外的，很通風，因為狐狸的皮草需要冷空氣才會長得更好——放眼望去，我們看不到陰暗而空蕩的籠舍盡頭。北歐的皮草養殖場多半不提供動物隨時可以飲用的水源，最主要的原因是麻煩且增加成本，畢竟冬季的北國寒冷，水會結凍，且水管易破裂。對業者而言，動物口渴並不是什麼問題，何況養殖戶認為「牠們可以舔籠子上的冰來解渴」。

# 如何辨別皮草的真偽？

很多「人造皮草」（faux fur）的觸感和視覺效果，跟動物皮草非常接近，即使專家都經常無法區分真偽。唯一可以確切分辨真假皮草的方式，就是「燃燒法」。先剪下一點皮草用打火機點燃，如果是真的動物皮草，會有烤肉的燒焦味，而且烤焦的部分只要一撥就會化為灰燼。相反地，如果是人造皮草，燃燒時會有刺鼻的塑膠味，烤焦的部分則會形成硬塊。但是我們很難在商店中以「燃燒法」檢視皮草產品，所以，「不買」或許是最保險的選擇！[5]

數十分鐘的參訪已然令照養員的耐心消磨殆盡。匆匆告別之前，她的朋友帶了一群剛會下地走路的邊境牧羊犬寶寶來訪。小狗一搖一擺走路的樣子很可愛，一刻也停不下玩耍，不時迎向我們，完全不知道要害怕人類。照養員搬出了幾張躺椅與朋友一同逗弄狗兒，還端出了各式各樣的點心，就著養殖場籠舍為背景，打算悠閒地度過這個午後。

## 在世界的中心呼喚夥伴

自二〇〇八年起，我在不同的草根和國際組織擔任志工，後來負責的正是行動亞洲的「零皮草」項目。在那個年代，絕大多數中國人對皮草議題都感到陌生，我們從最基礎的資訊翻譯與發起工作坊開始，先讓各地的動保團體和大學社團認識這項議題，再支持各地團隊以行動劇、參加藝穗節嘉年華遊行、中小學教育講座，以及插上小國旗與宣傳標語的單車繞行市區等各式各樣的方式響應。令人高興的是，幾乎所有知道了皮草來源的個人和團體，都立刻認同了「零皮草」的理念，並且以實際行動展開多樣化的宣傳。

相較於我和夥伴在中國以溫和的方式推動社會對動物的關注，韓國導演奉俊昊在《玉子》中則刻劃了一群不畏危險的動物保護人士「動物解放陣線」（Animal Liberation

Front），他們為了揭露培養病態「超豬」的企業虐待動物的真相，不但使用密錄設備、攔截卡車，還破壞了企業的宣傳活動。每個成員有各自的代號，且統一身著黑衣，這樣的動保人士形象，以及電影中描述的行動，雖然有著戲劇的誇張效果，卻也有一定的真實性。

功利主義的代表性哲學家彼得・辛格（Peter Singer）指出，動物在當代養殖場和實驗室裡受到嚴重的不正義對待，而且強調在女性解放、黑奴解放運動後，「動物解放」是人類必須認真看待的問題。雖然動物倡議者並非都認同或採取了動物解放陣線這樣相對激進的方式，但是，為了解真實的動物處境，特別是那些業者不欲人知的場所裡的動物福利問題，動物倡議者常常要進行實地的田野調查。除了觀察動物和牠們的環境、訪談工作人員，還需要錄音、攝影、錄影記錄，甚至得隨身準備量尺，以測量籠子尺寸等。這些工作都是為了在向政府主管部門舉報或將事證投書媒體時，作為有力的證據。

西方現代的動保運動已有一兩百年的發展，動保人士累積了許多田調經驗，逐漸形成在組織內或跨組織的傳承。在深入養殖場等現場以前，田調人員必須經過一定程度的訓練，將要採集的事證牢記於心，了解可能面臨的風險以及如何應對各種突發狀況。總之，必須做好萬全的準備才能行動。這樣一種由擁有共同理念的人們所組成的結社，一方面行動需要嚴格保密，另一方面，也因為歡迎所有願意投入的新夥伴參與而帶有一定的開放度。我所認識的各地行動者多半熱情友善，容易信任彼此，這也許是因為願意付諸行動到各種髒亂危險場域的人，仍是非常稀缺。這次我們在北歐的調查項目名稱「味方」，在日文中指的就是一群志同道合的朋友。我想，在各種危急關頭，動保人彼此就是唯一能夠互相信任的夥伴吧！

來到北歐，我也向當地動物權組織請益，詢問了各種在地可能遇到的情況，以及符合民情文化的應對進退。由於長期與媒體合作，他們有一套邀媒體同行的田調方式，例如請記者在養殖場外等待，由行動者潛入拍攝證據，出來後讓記者立刻觀看影像素材；或者帶一份當日的報紙，讓報上的日期和拍攝對象一同入鏡。這樣的影像鐵證如山，業者往往也難以否認。在英國，政府要求全國屠宰場設置二十四小時監視器，提供政府獸醫無限制地

## # 「零皮草」的全球趨勢

挪威近年已立法禁止了皮草養殖，且將在2025年施行。目前，已經有十多個國家全面禁止養殖皮草動物，例如英國、奧地利以及荷蘭等。其中，荷蘭曾是世界前三大水貂養殖國，由於新冠肺炎的疫情爆發，提前施行養殖禁令。有些國家如丹麥則禁止養殖狐狸，限制可以養殖的物種種類，此外，德國制訂了嚴格的動物福利規定，使得所有的皮草養殖場被迫關閉。迄今為止，烏克蘭、波蘭等國也正在討論立法禁止皮草動物的養殖。另一方面，以色列全國禁止皮草交易，紐西蘭和印度禁止皮草進口，美國的西好萊塢、柏克萊和舊金山等數個城市則禁止買賣皮草製品。[6]

隨時觀看。[7] 遺憾的是，在世界絕大多數地區，動物利用產業和政府經常有著千絲萬縷的關係，以美國為例，許多州就制訂了禁止動保人士和媒體進入養殖場、傳播養殖場影像的法律。[8] 這種以「禁言法」保護產業的方式並不合理，二〇一五年在美國愛達荷州（Idaho）被裁定為違憲，而在其他州也有相似的法律爭議。[9]

產業和動物行動者之間的諜對諜攻防中，要承受最大的壓力、遭遇不公平對待的，往往是產業可憑藉其資本優勢起訴和威脅的行動者。一位專職田野調查的北歐動保人士對我說，在長達數年的時間裡，他每天早上醒來閃過腦海的第一個念頭，就是擔憂法院發來的電子郵件。這個世界對待動物如此不公平，而法律總是為既得利益者護航，但無論身處何地，只要能與抱持相同理念的行動者相遇，就是我們平生一大幸事。

在我們所住的奧斯陸公寓，每週三是「披薩日」，大家會搭配各式各樣的食材一起製作窯烤披薩。而這群夥伴的話題，總圍繞著臥底和田野調查。「如果屠宰場的牆是透明的，人們從此就不會吃肉了嗎？」我問大家的看法，回答卻莫衷一是。然而，可以肯定的是，社會上大多數人都不知道動物到底受到了什麼樣的對待，因此也很難得出具體結論，我們能做的，就是先將這些真實的訊息傳播出去。

Column

# 無國界的社會運動

你看過「真實的恐怖片」嗎？

走在赫爾辛基和奧斯陸街頭，我數次遇見動物權團體設置的推廣小站和志工的身影，他們或是邀請民眾使用VR設備，三百六十度觀看養殖場和屠宰場的影像，又或是配合圖文資料的解說，讓路人在有限的時間裡盡可能認識多種動物議題。

從歐洲、日本到台灣，各地都有愈來愈多關心動物的人，主動組織起各種形式的推廣活動。在台灣，前身為「純素三十天」的「台灣友善動物協會」，在每個星期六都會帶著電視和傳單到西門町等人群聚集地宣導，有些志工會穿上布偶裝吸引路人目光，有些則會揹起大電視、戴上面具，每回都有許多民眾佇足觀看。

挪威導演奧拉以動物權紀錄片得到的動物影展「奧斯cow」獎座。

這些電視裡播放的，正是農場動物日復一日經受的折磨。在繁殖蛋雞的養殖場，雄性小雞僅在一日齡時就被視為沒有價值的垃圾，被送進絞碎機；豬媽媽在生產前後，被關在只能站立、躺下的「母豬狹欄」裡長達數月之久，甚至無法轉身看到自己的身體後方，更無法親近牠們的孩子；「格子籠」的底面積僅為Ａ４紙張大小，卻塞入二至四隻蛋雞，惡劣的環境迫使牠們互相踩踏、啄咬，層架式的籠子也讓牠們的糞便只能一層又一層往下流。

即使在今天，歐盟已於二〇一二年全面禁止「格子籠」，「母豬狹欄」也逐漸被動物福利先進國家淘汰。然而，現代的農場動物所身處的環境，絕大多數仍是集約化養殖式的「工廠化農場」，業者盡可能縮減空間和時間成本，這樣的現象在

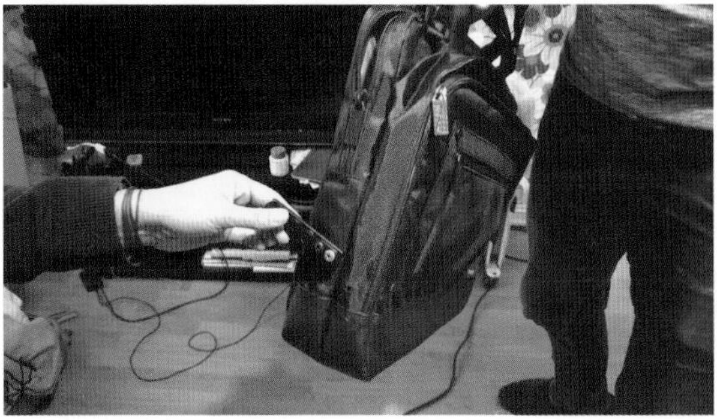

調查經驗豐富的奧拉向我們展示手提袋、鈕扣、原子筆等一系列密錄設備。

皮草養殖場一樣能看到。對動物生命尊嚴的漠視，在世界各地的動物利用產業都有著相似的本質。

挪威紀錄片《皮草深處》（*Ples*，英文片名為 *Inside Fur*，二〇一四年）所呈現的，正是這樣的處境。片中的主人公弗蘭克是一名心理學家，由於想要了解皮草產業的真實情況，在身上裝了隱藏攝影機，以學習養殖場營運為由進入產業實習。他還加入了一個由產業組織的旅遊團，實地到中國的皮草養殖場參訪，並將所見所聞完整地錄了下來。

在歐洲盛行的一種觀點是，中國的養殖場環境惡劣、動物福利低落，因此應該將養殖業留在本地，以良幣驅逐劣幣，讓中國產品退出市場——北歐的皮草產業正是這種觀點的代表。「世家皮草」拍賣行的入口就寫著「我們只賣符合倫理的皮草」，然而，什麼才是「符合倫理」的動物製品呢？這項標準如何確立？又有什麼樣的預設？隨著弗蘭克的腳步，影片清楚呈現了挪威和中國的養殖場，使用的是完全相同的籠子，長、寬、高如出一轍。如果像北歐皮草業者說的那樣，中國的皮草養殖是動物福利低落的，那麼北歐的皮草也是一樣；如果像拍賣行宣稱的那般，北歐出售的皮草「符合倫理標準」，那麼，曾令無數人震驚的中國皮草生產方式，或許也是「符合倫理」的。

自學成才的動物倡議者、攝影師克里斯托・穆里馬（Kristo Muurimaa）曾指導我們許多的談話技巧：去到皮草商店時，要先詢問這些製品來自哪裡、如何取得，店員多半會回答「這是用人道方式養殖的」、「這是經過人道屠宰的」，接著再詢問：「那麼這些動物沒有經受痛苦嗎？」不出意料，我所走訪的每一家商店的員工都表示：「是的，這些動物沒有痛苦。」顯然要不是雙方對於何謂「痛苦」有完全不同的定義，要不就是店家說謊，或者他們毫不知情。

專職拍攝動物權紀錄片的導演奧拉的作品《皮草深處》和《養豬業的秘密》（*Griseindustrienshemmeligheter*，二〇一九年），在挪威社會引起巨大迴響。二〇一九年初，挪威政府宣布立法禁止養殖皮草動物。奧拉說，他沒有想過自己能夠見到這一天，他的感動從世界的另一頭感染了我，令我悄悄流下了眼淚。奧拉和他的夥伴在該年度得到「自由字詞」榮譽（Fritt Ord Honorary Award），這是挪威最重要的新聞和言論自由獎。[10] 在我和桃子下榻於他家客廳期間，奧拉曾經教我們如何設定背帶、讓相機保持在錄影狀態，也告訴我室內的哪些位置適合放置密錄攝影機，「可以直接放在插座上，正好保持充電。」然後，他拿出一個看上去平凡無奇的原子筆，「妳們應該很熟悉這個」，仔細查看之下，我發現這個小巧的東西竟然是個可以插在襯衫口袋的錄影機。「台灣製造，和妳們來自同一個地方。」他笑著說。

1 *The Case Against Fur Factory Farming: A Scientific Review of Animal Welfare Standards and "WelFur"*, Respect for Animals, 2015, pp. 27-28.

2 Lennart Simonsson, *Finland Working on Virus Vaccine for Mink*, The Standard, Jan 13, 2021. https://www.standard.net.au/story/7083891/finland-working-on-virus-vaccine-for-mink/

3 筆者和丹麥動物福利專家安娜·科納姆（Anna Kornum）的私人通信。

4 李娉婷，〈小北極狐破紀錄 76 天走 3500 公里〉，「動物友善網」，2019 年 7 月 8 日。
https://animal-friendly.co/wild/15823/

5 參考影片：https://www.youtube.com/watch?v=bUeWzvzbRdcm。

6 目前全球已有超過 1500 個品牌和零售商加入了「零皮草零售商」（Fur Free Retailer）計畫，也有愈來愈多時尚設計師不再使用皮草製作服裝。可以到下面的網址看看有哪些服飾已做出「零皮草」的承諾：https://furfreeretailer.com/。

7 *All slaughterhouses in England to have compulsory CCTV*, The Guardian, Aug 11, 2017. https://reurl.cc/W1Xxj9

8 索妮亞·法樂琪著，范堯寬、曹嫦恆譯，《傷心農場》，台北：商周出版，2016 年，第 335 頁。

9 被稱作 Ag-gag 的「禁言法」，可謂是動物利用產業和揭露動物受虐真相陣營的攻防戰場域。在澳大利亞和加拿大，也有「禁言法」防止人們揭露動物受虐的真相。

10 關於「自由字詞」該年度獎項的資訊可參考網站：https://reurl.cc/GEbvqd。

Chapter

# 7

# 有些動物更平等

## 探訪大熊貓的故鄉

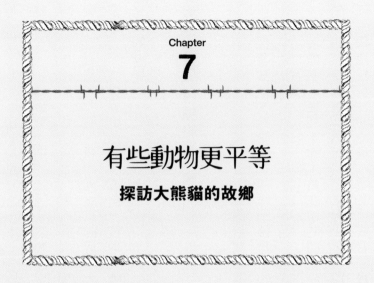

由於在動保工作領域受到挫折，二十五歲那年，我轉而投入學術研究，期待透過書寫和思索，掙脫理想破滅後的失落感。北京清華大學的蔣勁松老師是動保界前輩，透過他的介紹，我考入北京的清華大學，很快就選定以大熊貓保護史為研究方向，梳理保護大熊貓的觀念形成的過程。[1]

## 大熊貓是「特權物種」嗎？

小時候，我會將許多大熊貓新聞的剪報珍藏在淡藍色的保護套中。其中有一則新聞照片上的工作人員站在半身高的鐵籠上，幾個人將籠門向上拉開，裡頭就坐著一隻大熊貓。這些工作人員在當時的我眼中，都是幫助動物的無名英雄。然而，到了青少年時期，我開始意識到「物種歧視」的現象，所有這些看似費盡心力幫助大

### # 物種歧視

英國心理學家理查·瑞德（Richard D. Ryder）在 1970 年提出了「物種歧視」（speciesism）一詞，定義是「基於人類優越於其他物種的想法，進而歧視或剝削其他物種」，和「性別歧視」、「種族歧視」相似，中文又稱作「物種主義」。[2]

而澳洲哲學家彼得·辛格等人之後提出的「大猿計畫」（The Great Ape Project），則試圖跨越這種「人」和「非人」動物間的疆界，為大猿爭取權利，可視為一種打破「物種歧視」的嘗試。

熊貓的新聞畫面，淪為一張張愚弄著孩子的大人臉孔，共同搬演著煞有其事的兒童劇場。我感到憤怒，覺得被欺騙，將所有的剪報撕碎，不希望再有任何一個人看到這些虛假的故事。然而，在北京多年的求學過程中，不曾有人詢問我選擇這個題目的原因，彷彿研究大熊貓是件天經地義的事，不需多作解釋，而對此最感到意外的，或許就是我自己。

「世界上有無數急需幫助的動物，再怎麼樣也輪不到大熊貓吧！」這種觀念，直至大學畢業旅行時，我在日本神戶王子動物園見到大熊貓「興興」之後，才有所改變。

我們遠遠地就看到「興興」的背影。在長達數十分鐘的觀察中，牠動也不動地坐在一個小水池邊，面向著室內籠舍。我們看不見牠的眼睛，但那樣的專注彷彿是種禪定，而我相當清楚的是，這並不是個能令牠安適入睡的午後。動物園的遊客來來往往，人們此起彼落地喊著：「興興，哈囉！」「看過來，興興！」只有背影，我們未曾見到牠的臉孔。然後，我們也離開了。數年後，我在新聞上看到「興興」在人工採集精子過程中，因吸入嘔吐物而窒息死亡的消息。那時已是二〇一〇年，直到這一刻，我才知道大熊貓並不是享盡榮華富貴的「特權物種」。

「興興」的背影沒有抗爭，也沒有控訴，牠就只是坐在那裡，日復一日，在那個小小的圍城裡生活。牠是明星，更是囚徒。被禁錮的肉身就是得以感受的一切，在那樣具體而黑白分明的痛苦中，甚至連身體也不屬於牠。

從動物園裡常見的展演動物到瀕危物種大熊貓，我想知道，「到底是誰，操控了牠們的生命」？

## 臥龍的大熊貓知道自己可愛嗎？

一九八〇年代，由世界自然基金會（WWF）提出的和中國政府合作的野生大熊貓研究項目，邀請了紐約動物學會的博物學家喬治·夏勒（George B. Schaller）到中國進行研究。這是中共建政以來第一個中外合作的野生動物研究項目，主要在四川臥龍地區進行。我所造訪的第一個保護區正是臥龍——這個我自小耳熟能詳，又透過夏勒的書《最後的貓熊》而嚮往不已的地方。

四月中旬，臥龍的山頭仍是白雪皚皚，溪谷流淌著每日午後的高山融雪。抵達的這一天午夜，我被一陣頗為強勁的搖動驚醒，卻並未聽到這安靜的鎮上傳來其他聲響。第二天上午，我才知道昨晚歷經的是「五·一二」地震在九年後的餘震。

那場地震發生在二〇〇八年五月十二日，我正好在南京的紅山動物園觀察大熊貓，晚上接到母親來電，聽筒中傳來「團團和圓圓沒事」的消息——「團團」和「圓圓」兩頭大熊貓當時就在受災嚴重的臥龍保護區。十年後，我從展演動物的田野調查，轉而投入研究保護的歷史，雖然都以大熊貓作為主題，但是「團團」和「圓圓」去了台灣，二〇一三年生下了在台灣引起熱潮的子代「圓仔」，而我卻來到當年的震央。

四川臥龍國家級自然保護區面積約二十萬公頃，位於四川省阿壩藏族羌族自治州汶川縣縣域的西南邊，是大熊貓的主要棲息地之一。我們的車從臥龍管理局出發，沿途經過臥龍關，四周皆是綿延起伏的高山，山峰就像排列整齊的龍脊、一條臥在群山中的龍，「臥龍」的名字正是由此而來。臥龍三一八國道屬於川藏公路，可以由此進入阿壩、甘孜，也可以進入西藏地區。公路將南北山區

# 大熊貓的圈養繁殖

1990 年代，中國的人工圈養繁殖大熊貓研究突破了所謂的「三難」：發情難、受孕難、育成難。除了對圈養大熊貓的研究和飼養投入了大量人力和物力，民眾也總是希望能親眼見到大熊貓，在內外因素驅使下，導致圈養的數量不斷增加，比如公熊貓「盼盼」的後代就超過 130 隻，佔了圈養數量的 1/4。[3] 但一味追求動物數量的結果，可能產生近親繁殖引發的遺傳和基因問題。一直要到 2010 年，中國的繁殖工作才開始強調優生優育的觀念。[4]

切成兩半，車沿著河谷向山裡行駛。保護區內，海拔在五千公尺以上的山峰就有一百餘座，後座的我得極目遠眺才能看到聳立在高處的山頂。鄧生保護站的楊建站長告訴我，深山裡有著一九七八年代設立的「五一棚大熊貓野外生態觀察研究站」，那是中國最早開展大熊貓野外觀察的地方，也是夏勒當年的研究地點。「五一棚」的名稱據說是因為通往研究站的階梯正好為五十一級，而不僅是崇尚五月一日勞動節的緣故。來到臥龍特別行政區，我意外發現此地除了有五千多位居民所住的水泥樓房外，又因為名氣響亮、有許多中外遊人，因此大小旅舍林立，和我原先對保護區的想像不太一樣。二〇一四年，中國政府在此設立了「中國大熊貓保護研究中心神樹坪基地」（中華大熊貓苑），據稱是全球最大的大熊貓圈養、繁殖和研究中心，所以也就不乏想親眼目睹牠們的旅客造訪了。

第二天上午，我們來到神樹坪基地和其他遊客一起看大熊貓幼仔的晨間活動。在戶外展區，大熊貓寶寶排排坐，工作人員給牠們一頭一個小鐵盆，裡面放了流質早餐。大熊貓坐立的樣子和人類幼兒很像，符合動物行為學之父勞倫茲（Konrad Lorenz）提出的「物種自我保存」（*species-preserving*）假說：顴骨低、頭顱佔全身的比例大、以胖乎乎的四肢在地上爬行，人們對於這類樣貌和人類幼兒相似的動物有著出自本能的保護欲。且成年大熊貓也和人一樣用手抓握食物進食。或許，這就是人們為牠著迷的原因之一吧？

幼仔吃得差不多時，工作人員拿出一塊布，一個個給牠們擦嘴。當我正想讚嘆「好可愛」的時候，友人唐晶突然感嘆道：「好可悲呀！」「吃飯給遊客看，最後連嘴都要由人來擦。活得沒有自我，這不是最可悲的嗎？」仔細一想，確實不無道理。保護區的工作人員總是暱稱大熊貓為「貓」，起初令我感到很親切，但回頭想想，大熊貓畢竟是野生動物，而不是貓狗這樣的馴化物種。飼養員告訴我，大熊貓幼仔喜歡和人玩，遊客看著也覺得可愛，但當牠們長大後，對工作人員卻是絲毫不感興趣的。「不講感情呀！」飼養員對我嘆了口氣。

入夜以前，我們來到臥龍保護區海拔最高的保護站：鄧生保護站。細雪在此仍不時飄落，高山的空氣極其清冽，但人們總是在室外透一口氣後，轉身到餐廳和大夥兒待在一起。我們與保護區的七、八位工作

## # 全國大熊貓調查

每十年進行一次的「全國大熊貓調查」（簡稱「貓調」）是中國最具代表性的物種調查。然而，在 1970、1980 年代，一些貧困山區希望藉由大熊貓得到政府更多的資源，因而提高了上報的數量。對此，英國動物學家馬敬能（John MacKinnon）表示：「每個縣都想多報點，拿到更多經費，但中國想讓總數看起來小一點，才能從國際社會得到更多的錢，所以數據是不可靠的。」大熊貓愈是珍稀，就愈可能「爭取更多外匯」（外國的資金）。不僅過去存在「官方對外」和「內部流傳」的兩套數據，直到今天，大熊貓的數量仍是一個敏感的問題。5

人員一同晚餐，不知是否為了歡迎我們，桌上用鐵盆裝著各式肉類，非常豐盛。楊站長還聊起某年春節他們吃了一整頭牛的回憶，大家有說有笑，相當愉快。保護區巡護員的工作以巡山、防火為主，數十年前常有的盜獵現象如今已很少見。在訪問過程中，我也遇到少數民族放牧的牛馬。在這裡，無論是放牧、挖筍或採藥都是被禁止的，但保護區員工多半只能口頭勸阻。山區活動有諸多禁忌和生存之道，這裡人人皆知的口訣是「早不唱，晚不吹」，意思是早上不能唱歌進山，晚上則不可以吹口哨。此外巡山的工作有時長達數日，不得不謹慎。從臥龍出發，最遠的路線通往九寨溝，要走上數日，一個人是絕對不能獨自上山的，在寒冷的時節露宿野地時，巡護員也會以牛糞作為地墊保暖。

保護區工作的月薪約為數千元人民幣，雖說不好不壞，但是他們認為唯有出了大山到城市去工作，才是

我們抵達臥龍自然保護區鄧生保護站的第一個晚上，受到工作人員熱情的招待。當地工作人員多為藏族青年。

在「中國大熊貓保護研究中心」的神樹坪基地，我見到了許多
大熊貓幼仔，像丸子一般攀爬在樹上。

一種有面子的生活，因此相當重視子女的教育。十多年前，中國大城市的大學生若是當了家教，一小時約有十元人民幣的收入，但這裡的一位員工為女兒支出的補習費用，一小時就是數百元，這是我聽過最高的價碼！中國的社會競爭激烈，僅是課業、考試，都是千軍萬馬搶過獨木橋，何況還有人情社會帶來的種種不便。來到這裡，我不僅感到自己能從事喜歡的研究，還有機會利用各種管道表達在中國普遍被認為奢侈的動保理念，實在是難得又幸運。

## 王朗的童話世界

告別臥龍，我們來到四川省綿陽市平武縣的王朗國家級自然保護區，此區佔地約三百二十三平方公里，周邊則是白馬藏族的生活範圍。前往保護區的路上，我們經過了號稱「天下大熊貓第一縣」的平武縣縣城，城市建設看上去已很完整，有趣的是，從家家戶戶的門牌到交通柵欄，都有著像極了世界自然基金會的大熊貓標誌。

在這次的旅途中，同行的唐晶是我初至北京時就認識的朋友，她是中央美術學院本科與研究生畢業，主修美術史，和我很有話聊，此次與我一起走訪各地的保護區，為我壯膽不少。我們到達保護區的第一餐，就被告知這裡曾喝倒過來自五十個國家的專家，所幸唐晶面對酒局很有經驗，悄悄指導我如何「裝喝」，在桌下倒掉杯中黃湯。飯局上，自一九九七年就在這裡服務的陳佑平先生健康硬朗，精力充沛地介紹這個積極拓展了中外合作研究的保護區，以及此地充足的學術和物資條件。我們見到的巡護員約有五、六位，他們一到兩星期才會下山回家一次，另外有位幫忙煮飯的婦女在大圓桌旁忙活。保護站供研究人員居住的專家樓的條件很好，有點像是一座被群山環繞的小小堡壘。這裡和臥龍一樣，春夏兩季的花朵都還沒有開，入夜後繁星布滿天空，無論白晝或夜晚，氣溫都相當低，我從北京帶來的冬衣自始至終不曾離身。

第二天一早，我們前往大窩凼更換紅外線攝影

# 頂極群落和傘護種

頂極群落（climax community）在生態學中指的是由植物、動物和真菌組成的生物群落在經過一系列的生態演替後，達到一個保持相對穩定的最終階段。由於當中的各物種都能最好地適應所在地區的氣候等條件，因此能達到穩定。

在大熊貓身處的數個國家級自然保護區中，居民或遊客可以活動的程度有所不同，但都不可隨意進入那些最重要的核心區。由於大熊貓的生存環境需求能夠涵蓋許多物種的需求，保護大熊貓便使得當地的其他物種及生態也免於人為影響，因此，大熊貓被認為是一個如雨傘般為其他物種帶來利益的「傘護種」（umbrella species）。

機的電池和記憶卡，途中來到一片巨木環繞的林中路。「這就是頂極群落，是最穩定的生態系。」陳先生說。

雪在這裡仍是靜靜地下，不同的是，落到了我們頭上數公尺的地方，就被松蘿輕輕接住，而松蘿則被這些高山柳以枝芽托著。人們說，松蘿只會在空氣最好的地方生長，這裡除了我們的車轍以外沒有任何人跡，關掉汽車引擎，上午的森林既僻靜又明亮。我想這裡絕對是我在中國到過最美的地方了。

進入大窩凼前，我們來到一處一九七六年受松平大地震（兩次七．二級）影響的山坡，令人驚訝的是，眼前所見皆是粗糙的礫石，大地沒有一絲綠意。

走在王朗自然保護區的獸徑上。我得手腳並用才能
前進，在高處的工作人員經常停下來等我。

大自然深埋在地底的力量排山倒海，影響迄今已數十年之久，讓此地看似生機不再，也讓人見到天地的無常，不禁讓我揣想人力的可為與不可為，又能帶來多大的造化、多少亙古永存的事物或智慧？與此相似的是，我在臥龍附近見到數十年前的伐木場，山坡上僅有幾株小樹孤單地撐起一點點綠意。一九八〇年代，在四十二個大熊貓分布縣中，共有二十八家大型森工企業和各縣的伐木場。原先的有林地成了無林地，喬木林則變為灌木林，在一九七五年至一九八八年間，大熊貓棲息地的範圍減少了約百分之五十，至一九八〇年代末，則已被割裂為二十多個斑塊。[6]

森林砍伐對大熊貓的生存造成很大的傷害。無論是竹子開花、地震或人為影響，研究各項因素之間的互動固然不易，但人為傷害是不是可能降到最低，避免在一個又一個的物種瀕臨滅絕、生態環境不復返時，再亡羊補牢地進行各種未必有效、反而可能有害的嘗試呢？

開始登山爬高。我們走的是多種動物都會使用的獸徑，兩旁有灌木、喬木和竹叢，彷彿微微包覆著這個天然的迴廊。由於降雪，我踏出的每一步都不知道是落在了什麼東西上頭，只覺得柔軟無比，好像踩在一條大棉被上，不停地爬、不停地爬。巡護員大多三十來歲，他們說，這個季節走這段路最有意思，因為不怕摔倒，還可以像「草上飛」

般一溜煙地跑下山。唯一要注意的，是不時出現的矮小竹叢，若是大意地伸手撐地，掌心就可能會被刺穿。在上山的過程中，我好幾次在白雪間看到若隱若現的竹叢，如削尖的竹筷般粗細，簡直像是埋藏在童話世界中的手術刀。

既然有竹子，那就是大熊貓活動的地方。巡護員梁春平在成熟茂密的竹叢下，兩手飛快一撥，拾起一個地瓜大小的東西：「看，糞便。」大夥兒都湊了過來，「上面已經沒有腸道黏液，應該是一個月以前留下來的。」陳先生說。我接過來仔細查看，這像是個由無數節十公分左右的竹子纖維以某些角度微妙地纏繞構成的工藝品，帶有植物清新的氣味。其實，大熊貓是野生動物，自然而然會避開人群活動，不僅在臥龍那般的鎮上難以見到，即便是在保護區工作近二十年的人員，多半也不曾看過牠們在自然環境中的模樣。追蹤大熊貓的主要方式之一，正是透過牠們「邊吃邊拉」的糞便上的基因信息。

除了大熊貓活動的痕跡，上山途中我們也經過一棵黑熊在不久前攀爬、啃咬過的小樹，以及一個大熊貓「比武招親」的擂台。繁殖季節時，母熊貓強烈的氣味會吸引附近的公熊貓前來，牠則會待在樹叉看公熊貓打鬥，最後勝出的公熊貓才能上樹與之交配。此外，母熊貓的幼仔也會在附近觀看整個過程。如果幼仔沒有這樣的學習經驗，就不懂得如何自然交配了。陳先生對我們說。

4 | 1
2 | 3

1. 走在王朗大窩凼的獸徑終點，我們來到紅外線攝像機架設的地方。從左至右為我、陳佑平先生、唐晶。
2. 王朗自然保護區裡的冰箱，裡頭是巡護員的食物（右），還有科研所需的大熊貓糞便（左）。
3. 大熊貓糞便一點也不臭，甚至有著青草般的清香，如竹製工藝品。
4. 王朗自然保護區裡一個大熊貓「比武招親」的天然擂台。

手腳並用了一個小時，我們垂直升高一百公尺，來到一處平台，這就是架設紅外線攝影機的地方，動物經過時，攝影機會自動拍照並且錄影一分鐘。雖然有時野生動物會將這個奇怪的陌生物品咬得稀爛，但是它對於記錄和保存物種信息是極為重要的。在談話間，陳先生突然留意到攝影機前方的大樹，走上前摘下樹皮卡著的一小搓白毛，又將臉貼近樹皮。我一開始以為他是老花眼看不清，接著才意會到他已在樹幹上聞到了大熊貓留下的味道。「妳過來聞聞，」他說：「野生動物靠嗅覺辨識彼此，用聞的就知道前一頭大熊貓在多久以前經過這裡，這樣就可以避免與牠相遇。」聽完這段話，我想起大熊貓「林中隱士」的雅號。這種獨居動物，又怎麼會喜歡住在動物園裡，與人類親近？若是如卡通那樣將兩隻大熊貓硬是湊在一起，仿造人類一夫一妻的小家庭，那對牠們而言，或許是種「怨憎會苦」吧（朱增宏老師語）。

## 如果「圓仔」是一隻豬？

離開王朗後，我先後又到了同樣在平武縣的關壩溝流域自然保護小區、老河溝自然保護區，還有位於廣元市青川縣的唐家河國家級自然保護區，以及成都大熊貓繁育研究基地、地屬雅安市的碧峰峽基地等，每個地點的自然和人文景觀都不太一樣，保護站的組成及運作模式也各有特色，在大熊貓保護方面擔任不同的職能。藉著博士論文的研究機會，我到訪了中外數個接受或擁有大熊貓的地方，見到了牠們可愛的憨態，也看到大熊貓與兒童玩具共處於冷氣房中的無奈。夏勒在《最後的貓熊》寫道：「如果貓熊能留在竹林裡繼續過牠默默無聞的生活，不要應付外界的宣傳，也不受宣傳挑動的貪婪滋擾，或許現在就不會有那麼多的貓熊失去自由，竹子死亡也不會成為毫無必要的大舉捕捉貓熊、成立收容站的藉口。」[7] 母親讀完了我二十多萬字的論文後，用一句話概括道：「如果圓仔是一隻豬呢？」我啞然失笑，卻也覺得很生動。人怕出名，大熊貓又何嘗不是？

3 | 1 / 2

1. 雅安碧峰峽基地的大熊貓幼仔可以爬樹，不像城市動物園經常用電線、電草和電網，將動物限制在遊客可見的活動範圍。
2. 碧峰峽的大熊貓幼仔生活環境較城市動物園的展區好得多。右方為兒童玩具，在城市動物園中經常可見到這類對成年大熊貓而言已無意義的設施。
3. 台北木柵動物園的大熊貓「圓圓」和第二胎的女兒「圓寶」。身處亞熱帶的牠們，長期住在狹小的冷氣房裡，真的快樂嗎？（洪延平攝）

Column

## 保護旗艦物種，我們做對了嗎？

你看過竹子開花嗎？古人不清楚竹子開花乃是自然規律，對這個現象是吉或凶的預兆也有諸多揣測，而且不同竹種的開花週期不同，有的甚至長達六十年，不僅平生難得一見，也不適用今日學術界生產論文的研究取向。

一九七六年四川北方的岷山山系華桔竹（現更名為拐棍竹）開花與枯死的現象，被研究者推斷與一百三十八頭大熊貓的死亡相關，[8] 當年正值毛澤東逝世，中國民間亦不乏將領袖之死與「國寶」大熊貓大量死亡的現象聯想到一起，卻忽視了彼時的地震現象和伐木活動。

一九八三年，屬於大熊貓分布的六大山系中的邛郲山再次出現了竹子大規模開花的現象。由於竹子在開花後枯死的規律，引發了人們對於大熊貓將會食物短缺的憂慮，政府迅速地組織了救援隊，並在海拔較低處投放羊肉、玉米饃、爊烤的羊骨和豬排，試圖吸引大熊貓下山。[9]

然而，包括夏勒在臥龍地區的研究，以及北京大學潘文石教授在陝西秦嶺長達十六年的野外考察，都沒有發現竹子開花期間的大熊貓缺食現象，救援隊伍也並未發現任何一頭飢餓的大熊貓。[10] 那麼，我們如何理解直到一九九〇年共搶救一百一十八頭大熊貓，並「救活」其中八十二隻的含意呢？[11]

一種合理的解釋是，彼時的「搶救」和「捕捉」已無法區別。「竹子開花」的自然現象和「搶救大熊貓」活動登上了世界各地的報紙，官方的「中國野生動物保護協會」在一九八三年成立，首項任務就是接受國內外的募款。美國前總統雷根夫婦（Ronald & Nancy Reagan），以及以日本藝人黑柳徹子為代表的訪問團，在訪華時皆將該國捐款交給中國政府。除此之外，還有更多來自政府和非政府組織的善款和資源。可以說，透過邀請國際社會來幫助「國寶」，成為中國向世界政治舞台伸出的橄欖枝。

直到今天，中國民間仍傳唱的歌曲〈熊貓咪咪〉，描述了大熊貓在竹子開花時等待人類救援的處境。〈熊貓咪咪〉由歌手程琳演唱，詞曲則出自侯德建之手。侯德建來自台灣，在那個時期更與程琳傳出緋聞，似乎屬於某種被刻意營造的兩岸佳話。這首歌的歌詞是這樣的：

竹子開花囉喂
咪咪躺在媽媽的懷裡數星星
星星呀星星多美麗
明天的早餐在哪裡
咪咪呀咪咪請你相信
我們沒有忘記你
高高的月兒天上掛
明天的早餐在我心底
請讓我來幫助你
就像幫助我自己
請讓我去關心你
就像關心我們自己
這世界　會變得更美麗
太陽出來囉喂
照亮我也照亮你

一樣的空氣我們呼吸
這世界　我和你生活在一起

也許，長期以來的大熊貓保護偏向實驗室研究、在圈養繁殖方面投入大量資源、世界各地的動物園等機構有了愈來愈多展演用的大熊貓，種種現象或多或少皆與這段歷史有關。而影響最深遠的，也許是大熊貓以一種即將滅絕、無力自救、繁殖力低下的動物形象，與歌曲一同流傳至今。[12]

1 「保育」一詞的英文是「conservation」，中國將其譯為「保護」，雖然容易和同樣譯為「保護」的「protection」一詞混淆，但本文中一則為求前後文一致，二則所涉及的歷史事件未必是帶有「保育」觀念的行為，因此以「保護」一詞涵蓋這些行為舉措。

2 理查·瑞德所著詞條，收錄於馬克·貝考夫編，錢永祥等譯，《動物權與動物福利小百科》，台北：桂冠圖書，2002年，第321頁。

3 劉敏，〈拒絕「降級」的大熊貓〉，《三聯生活週刊》，2017年3月13日，第11期，第105頁。

4 孫琪、袁藝睿，〈優生優育：大熊貓種群的新追求〉，《四川日報》，2010年8月6日。

5 劉敏，〈拒絕「降級」的大熊貓〉，第103–104頁。

6 潘文石等，《繼續生存的機會》，北京：北京大學出版社，2001年，第299頁。

7 夏勒著，張定綺譯，《最後的貓熊》，台北：天下文化，1994年，第387頁。

8 楊若莉、張孚允、羅文英，〈1976年大熊貓災難性死亡原因的探討〉，《獸類學報》，1981年，1(2)：第127–135頁。

9 歐陽惠筠，〈臥龍自然保護區大熊貓轉移到安全地帶〉，《人民日報》，1983年8月10日。

10 夏勒著，張定綺譯，《最後的貓熊》，第314頁；潘文石等，《繼續生存的機會》，第5頁。

11 魏亞南，〈大熊貓保護工作有新進展，有關方面希望進一步加強國際合作〉，《人民日報》，1990年8月7日。

12 呂植於1992年發現當代大熊貓DNA的遺傳多樣性並不低於其他哺乳動物。潘文石等，《繼續生存的機會》。

終章

# 動物是我的導師

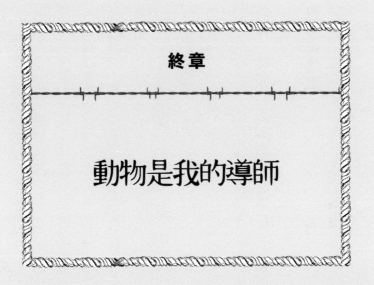

人們現在常能聽到「動物保護」一詞，但是，究竟哪些行為真的保護了動物，又有哪些人在從事「動物保護」呢？不同群體對於「動物保護」的理解和出發點都可能有著很大的差異，彼此之間甚至是矛盾或衝突的。

對動物園和展演業者來說，將動物圈養在人工場所不單是在保護動物，更是保育物種，然而，動物園在倡議者眼中卻往往是囚禁動物的場所；收容、囤積或餵食流浪動物，被許多「愛心媽媽」、「愛心爸爸」認為是直接幫助動物，在很多人看來卻對生態保育和公共衛生造成困擾；在剛投入動保工作之初，我則帶著流浪貓去動物醫院絕育，並且在術後照顧牠們，進而放歸於社區（TNR，即 Trap-Neuter-Return 字首的縮寫），或者為牠們尋找領養家庭；如果在中國的網路檢索「動保網」一詞，將會出現畜牧業的動物用藥資訊網站——乍看之下令人不解，但是，動物生病或死亡對業者而言，無異於財產損失，因此，維持動物的健康直到牠們被屠宰利用，有時竟然也能被視作一種保護的方式。

## 恐怖護生園

二〇一八年，我造訪了一個此生去過最可怕的地方。連我自己都很吃驚，這不是動

1 | 2 | 3

1. 焦作市的某間佛教護生園外由志工製作的教育看板，和極差的飼養環境形成巨大對比。

2. 這裡的動物總是急切地靠近人尋求食物。看到驢子缺乏食物和應有的照顧，我們都相當悲傷。

3. 極其瘦弱的狐狸和貉。詢問護生園的住持情況為何如此，住持亦答非所問。（任冉攝）

物園、養殖場或屠宰場，而是一個自稱是在「保護動物」的護生園。

在進入園區的鐵門前，我們先是看到佛教塑像的台座上滿滿都是拜拜用的大包餅乾，風吹日曬後上面已沾滿沙土。從欄杆望進去，是一個山丘下的大坑，三頭黃牛站在棚下，頭部還有繫帶。王一同（化名）是這裡的遠距志工，與我同行的她已經隨手拔下路邊的草，打算餵裡面飢腸轆轆的動物。我想自己的表情可能看起來淡漠，實際上我已經聽說此地的種種動物福利問題，但心中仍難以做足充分準備，畢竟眼前的景象令人感到十分震驚。

是害生，還是護生？佛教護生園怎麼會恐怖？

我的心情相當沉重，但是若不進去看看，怎能算親眼所見？

人們較常聽到的「動物囤積症」（animal hoarding）或說「動物收集癖」（animal collection）其實是一種精神疾病，意指飼養的動物數量之多，遠遠超過飼主的負荷。這種行為經常導致動物福利不佳、極其缺乏基本的照顧。[1] 這個佛教護生園的立意初衷雖然和動物囤積的行為有所差異，然而，相同之處是主事者皆無意於讓動物得到領養或更好的照顧，因而非但無法幫助動物，更可能傷害牠們。在這個我所到訪的護生園裡的馬，已經不知道死了幾匹。諷刺的是，這裡的空間很大，有土地、有水池、有宣稱未來要作為教育基地的木製看板，甚至找來專業團隊拍了一支形象短片，看過的朋友皆讚嘆不已。但是，此處卻因為主事者對動物的基本需求完全沒有概念，動物往往活活被餓死，主持的出家師父說：「恐懼死亡，是因為牠們沒有覺悟。」他願意做的，是如刑事案件那樣，沿著一匹匹將死的驢馬身軀，在土裡插上一大排念佛機。「很快就要到西方極樂了。」他說。

我試想這些極度孱弱的馬、驢、豬、牛、鴨、魚、貓、狗，還有狐狸等等，過去曾經在什麼樣的環境下生活？是否比這裡更差？在這一無所有、甚至吃不飽的地方被「保護」著，真的比較好嗎？缺乏食物並不是因為這個護生園沒有經費，而是因為錢都拿去放生——或說「護生」了。工作人員不斷接收更多動物，另一方面，比食物更匱乏的卻是知識和人力，這裡沒有具備愛心和懂得照顧動物的人。

我所到訪的地方是河南省的武陟。在這極其偏僻的中原大地，一個大多數中國人都沒聽過的地方，我殫思竭慮地想，誰會來到這裡參訪這座護生園，從而感受到動物保護的價值並吸收相關知識？

中國的「大學生動物保護夏令營」每年輪流在不同省分的寺廟舉行，這一年我受邀到當地舉行的夏令營講課，面對從各地前來的大學生，這間寺廟無償提供場地，這一點我和同行的師生自然心存感謝。環境簡陋、水電不方便，都不是大問題，讓我感到無所適從的是，當地所理解和實踐的「動物保護」，與我的認識南轅北轍。當我從寺廟剛落成的一處體面華麗的待客廳堂，前往這個甚至可說在國際間逐漸擁有一定知名度的「護生園」，不禁感到憤怒和困惑。

「不要打牠！」我聽到王一同著急地叫道：「不要打！」原來，隨著我們的腳步進來的工作人員，帶著幾包顯然不夠吃的糧食，見到他，馬兒很快靠過去搶奪，招來一頓棍棒。

## 實驗用靈長類繁殖中心

鄉間道路伴隨磚砌的高牆，來到第二個園區，門口的鐵門又沉又重，如這鄉村令人窒息的景致。一塊金屬板上印著「河南省實驗用靈長類繁殖中心」，推開門，我來到人間不知究竟有多少的地獄之一。

這個地方不久前仍是河南省唯一的實驗用靈長類繁殖中心，因為經營者罹患癌症，便將此地就地轉為佛教「護生園」。然而，所有設施和動物的安置情況並沒有太大的變化，或許只是新增了馬和狗，還有在我到訪的這天加入的鱉等等。馬兒和第一個園區裡的同

1 | 2
3

1. 骨瘦如柴的馬兒在遍地廢棄物的護生園中尋找食物。
2. 狗兒被關在狹小的籠中與自己的糞便共處。我在炎熱的夏天見到牠們時，籠中沒有飲水和食物，狗兒的皮膚病也明顯可見。
3. 實驗用靈長類繁殖中心的紅色大門前的看板寫著「養殖重地閑人免進」。（車向原攝）

類一樣骨瘦如柴，見到人就急切地接近，眼中沒有半點神采，我想牠們可能餓得不得了。狗被單獨關在僅比牠的身體更大一點的地方，幾乎沒有可以轉身的空間，籠中沒有食物和水，當時正是豔陽高照的七月。我往一排排的水泥房舍走，那裡關了許多猴子，可能達數十隻，我們一接近，裡面就傳來陣陣尖叫聲。這些低矮的房舍幾乎沒有窗戶，每個小房間都關了一對公猴和母猴，透過一絲絲光線，有時我能瞥見母猴懷中抱著的小猴。

如果試圖從戶外看進去，就得冒險經過雜草叢生、不時有著危險物品的土地。這個場所宛如一片廢墟，有些草已經與人同高。我看到一些如同早期動物園常見的獨立籠舍，裡面有看起來像豪豬的動物，多半單獨關著，種類約兩、三種。我悲傷地看著牠們，在籠舍中的動物除了自身以外一無所有，不用說環境豐富化了，連基本的食物和飲水都見不到。

我帶著攝影機走進水泥房，引起了猴子的騷動。關了猴子的一間間屋子都在同一側，屋內的走廊很窄，我得後背貼著牆，才能不被衝到門邊伸手抓我的公猴碰到。在漆黑幽暗的空間中獨自行走，牢籠中是將我們人類視為魔鬼的猴子。牠們在這裡日復一日、年復一年，究竟過著什麼樣的生活呢？牠們憤怒，而且和我同樣地恐懼。在暗無天日的囚室裡，牆上會有幾塊突出的磚頭，那或許是用來供猴子攀爬或稍事休息，除此之外，什麼都沒有了。當公猴撲向我的時候，母猴緊緊地抱著孩子躲在離我最遠的角落，或是難以被照見的陰影中。許多公猴除了會攀在門洞的柵欄上，把手臂盡可能伸長地朝我抓來，也會雙手拉住柵欄賣力搖動。我想牠們都是在保護妻小，盡其所能地展示存在感和武力、使自己的身軀看起來強壯龐大——像我這樣的人的到來，對牠們而言到底意謂著什麼？

我推測，這個地方應該是不斷繁殖猴子，再將小猴子賣給各類實驗中心，我和管理者的談話證實了這個預想。正因如此，猴子父母才會如此恐懼來搶奪牠們孩子的人吧。這裡的名稱換了，但一切似乎沒有變化。放飼料的工作人員、打掃清理的人、在前面房間裡看著電視的一家子，都未曾因繁殖場更名為護生園而有所不同；公猴、母猴，還有牠們已出生並將繼續生出的猴寶寶的生命循環，也不會有任何改變。

離開後，我詢問早我數日去參訪的野生動物專家、攝影師于鳳琴老師，她拍攝過中國各地非常多的野生動物和擁有動物的場所，其中不乏被央視轉播的野生金絲猴產仔的畫面。于老師表示這個地方已經算是「很不錯」的了。那麼猴子呢……難道讓牠們繼續繁殖下去，永遠住在那裡嗎？「不然還能怎麼辦？」她反問我。

據經營者的說法，從繁殖中心轉為護生園後，他們也把一些猴子載到山上放了。我無從了解真實情況，但無論猴子的去處或是未來如何，恐怕都不容易有好的結果。

在一排排猴子的房舍外，有一張躺椅、一個電風扇，看得出來，那是飼養員納涼的地方。在入口處附近，還有一個如保健室的空間，門牌上寫著「醫療室」，我小心翼翼地入內拍攝。滿地都是各種雜物，幾乎難以行走，桌上歪歪倒倒地放滿了各類藥瓶、注射器。我在轉身時，方才看到從天花板垂下來一個針頭，離我僅有十公分左右的距離。房內的一角，是一個能讓猴子無法動彈的「保定」設備，模樣類似人的兩排肋骨，中間有近似圓筒狀的空間，開闔後可以把猴子牢牢地箝制在裡面。看完這些房舍，我默然無語地離開了那裡。此後，在長達近半年的時間裡，我經常回想起那座護生園。它成為我夢魘的一部分，是我無法傾訴、無從揭露，不能溝通也無處訴說悲傷的地方。四年後，我從王一同口中，聽聞了這間寺廟在動物福利以外的醜聞。顯然，動物

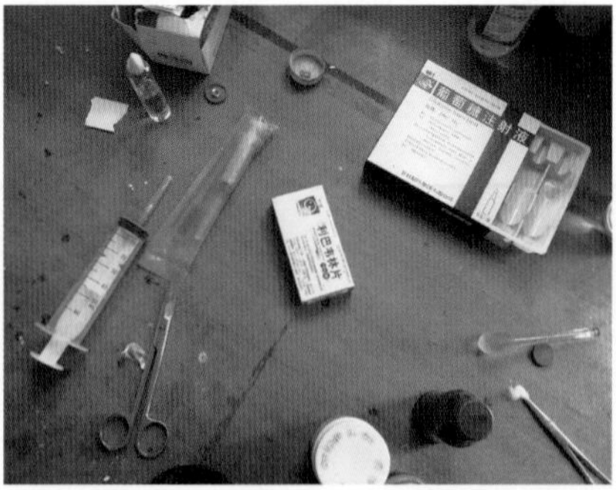

繁殖中心醫療室，桌面凌亂地放置各種藥品和器材。

1
2

1. 猴爸爸（左）和抱著孩子的猴媽媽關在一起。即使繁殖中心已轉型為所謂的護生園，牠們單調的生活和環境依舊沒有改善。（車向原攝）

2. 豬媽媽帶著寶寶靠近前來的訪客，一家被關在陽光照不到的房間，也許會就這樣度過一生。

的需求在那裡並未受到重視，建立「護生園」的出發點，與動保和救援的理念八竿子打不著。為了滿足管理者累積功德或吸納捐款的私心，動物往往是被犧牲和忽視的受害者。

## 放生，還是害生？

在基隆和平島，有著宛如「放生一條街」的地方，經常有佛教團體到此舉行放生活動。

二〇一九年的某一日，從事海洋保育的均翰邀我一同前往參與，希望在了解當地的放生情況後，向信徒宣傳正確的護生觀念——將善款用在購買族群量遞減、中低生態位階的原生種魚苗，於人工飼育後，透過對的時間、地點及方式，讓魚兒回歸大海，達到復育魚群的目的。

這一天，各家海鮮店鋪都準備好將門口玻璃魚缸中的動物傾洩而出，放生團體最後共花費了四十萬台幣買魚。在場約有數十位佛教徒，在午後乘遊覽車抵達。看到我們這樣的年輕人到來，而且對放生似乎很感興趣，許多人顯得很高興，熱情地招呼我和均翰加入隊伍。

十多人從海鮮店鋪排成一排通往漁船，由最前面的人以漁網撈魚到水桶，再一個個接力將水桶傳下去。那艘漁船每日早上出海捕魚回來供給海鮮店，待到中午放生團體前來買魚後，再把魚拖回外海釋放。傳遞水桶的隊伍不斷念頌佛號，好幾次魚兒都從網中或水槽逃脫，掉在地上撲騰，我在這支隊伍中，經常能見到水桶裡的魚兒身上的傷口，有些甚至不斷流血。一位佛友特別叫我到店門口，端給我一大箱龍蝦，讓我直接拿到船上去：「這個最靈。」他把這個「大福報」給了我。

均翰的個性熱情可愛，被叫去最前頭撈魚，我也披上了雨衣，在這個雨日裡默默觀察和參與著這場儀式。有些人對我們手中的攝影器材有所顧忌，想來是由於佛教團體的放生活動在台灣社會一直備受爭議，令他們感到不安，甚至要求我們停止拍攝。這場「參與式觀察」還包括一起念經，等到信徒口中的「中放」（中型放生）結束，滿載的漁船駛出港口才終於宣告結束。我看著這個在眼前發生的荒誕儀式，心中百感交集。均翰則不忘和幾位聊得來的信徒交換聯繫方式，打算後續遊說他們加入支持對海洋生態更有幫助的魚苗放流計畫。

除了上述宗教團體所謂的動物保護活動，我還參觀過台灣各地的佛教「護生園」。其中，少數場所在動物福利方面的安排已較為成熟，動物有適當的墊料、土地、營養的食物，還有醫療照護及絕育手術，甚至有水池可供消暑遊玩。但是，也有一些僅僅是另一種名目的無期徒刑監獄，工作人員亦缺乏照顧動物的知識與熱情。在這樣的地方，我不禁感慨，許多動物園確實比這裡好得多，甚至養殖場也不再那麼令人畏懼了，因為動物至少能夠吃飽。恐怖的護生園與不理性的宗教式動保活動，給我留下了難以抹滅的印象。我確信，這樣的「保護」，「沒有」比「有」更好。

## 黃先銀與天鵝輓歌

在不同議題的動物保護中，古今中外皆不乏無視動物福利或建立在扭曲知識上的例子，上一章提到的大熊貓被「搶救」下山即是一例。所謂的「收養」，實際上是擴充了圈養動物的數量。相較於知名團體和國家的保育政策，我一向更關注的是民間自發性的行動。在第一次歐洲實習之旅中，我無奈收下的一百歐元，在後來轉贈給了中國民間的「天鵝鬥士」黃先銀，微不足道地支持他度過鮮明卻又鮮為人知的生命最後的時刻。

鄱陽湖是中國最大的淡水湖，每年都有數以百萬計的天鵝、大雁等候鳥來此越冬，在二〇〇四年以前，僅天鵝就有近十萬隻，卻也因此成了不法分子覬覦的財源，將天鵝、

江西省新建縣恒湖農場的職工黃先銀，起先在鄱陽湖畔勸說盜獵者不要毒殺天鵝，勸說無效後，開始舉報這些違法行為。（于鳳琴攝）

大雁等候鳥獵殺後運到廣東、廣西等地。黃先銀是江西省新建縣恒湖鄉的一位農民，自二〇〇五年首次發現鄱陽湖獵殺天鵝的情況以後，憑一己之力，在候鳥來臨的季節於鄱陽湖巡視，幫助在捕捉鳥獸的「天網」上受困的天鵝和大雁，與獵殺、販賣天鵝的當地村民和捕獵者對抗。

二〇〇八年一月，大量的天鵝在湖中被毒殺，黃先銀揹著天鵝屍體向媒體披露，他的行為無疑阻擋了某些人的財路，不僅從此生活陷入困境，人身安全也遭受威脅。在護鳥志工的幫助下，他先後前往澳門謀生、在寺院躲藏。二〇〇九年十月，隨著候鳥的到來，他又回到了鄱陽湖，繼續從事義務護鳥工作，最終於二〇一〇年被鄱陽湖保護區聘為巡護員，每月有約一千元人民幣的工資。由於長期在湖中救助鳥類，黃先銀罹患了血吸蟲病，最終在二〇一二年六月三日過世。盜賣天鵝、丹頂鶴等野生動物的劉武則於二〇一五年被判刑十三年，同夥有九人同時入獄。其中，有的被判刑，一個沒有受罰的人則因車禍死亡，還有的對外宣稱罹患抑鬱症，最後跳樓自盡，護鳥志工則認為其實是欠命債過多，心理壓力太大。[2]

## 大戰風車

我的身邊一直有著數不清的朋友熱忱地幫助動物，運用他們非凡的能力去改變動物處境，並試圖改善整體社會環境。另外也有許多團體從個體動物的救助開始，最終在無力負荷、「救也救不完」的處境下，轉型從事教育、公眾倡議，又或是政策遊說。

面對畜牧業的動物，有些人選擇以提高動物福利的方式改善大環境，甚至推出動物福利認證系統和標章，希望用消費者的力量去支持動物福利產品，一步步改善台灣整體的養殖環境。同樣地，也有富有朝氣的新團體每週在火車站前廣場、台北市的西門町鬧區進行公眾宣導，希望民眾能反省體制內養殖、屠殺、利用動物的實情，進而改變生活方式。

動物園的存廢之爭，是台灣動保界和媒體近年較為關注的問題。然而，距離普羅大眾仍是非常遙遠的事。自小時候開始，媽媽常對我說的是：「去動物園的人，看起來都很愛動物呀！」我想，面對真實在場的動物所油然而生的感動，或許是真的。但在轉身離去後，對這一切「應存？應廢？」、「是否有什麼問題」的置之不理，也是普遍存在的情況。

參與動保十多年來，這種關心一直是生活中不變的主軸。我曾一度試圖尋找一個終極解方，能為動物處境帶來永久性的改變——是立法嗎？還是普及性教育？又或是生態管理或倡議促進動物園的動物福利呢？二十歲出頭的我，曾認為許多西方國家的「直接行動」——比如去破壞動物實驗室或繁殖場——也是一種選擇，看到販售皮草的商店被潑漆、人們包圍店鋪抗議，更是覺得大快人心。

儘管動物保護的行動看似百花齊放，但是我並不認為「不同的動保路線，都是朝著同樣的目標前進」。因為每個團體、甚至每個人所憧憬的理想世界，差異實在太大了，這種種努力究竟能真正帶來多少改變，可謂眾說紛紜，遑論有些理論和行動甚至互相牴觸，抵消了成效。有時，自己和夥伴不得不放下遙遠的想望、埋頭苦幹，才覺得沒有將生命虛耗在消極的無力感之中。

## 那些刻在心上的爪印

回首過往，我想自己的內心深處，恐懼的正是所有付諸動物倡議的努力都沒有意義，我甚至懷疑自己的某些選擇是否會害了動物，而不是幫助牠們。這樣的困惑與某種精神危機感，促使我同時從事學術研究，而主題正是與動物保護相關的問題。另一方面，我也透過自己所救助的貓咪，確信至少我的一些選擇是正確的，改變了少數動物的命運。

從我剛抵達北京且見到我的貓咪開始，在十多年的生命中，我的每一天都充滿了牠們的印記。如果不是因為彼時中國的動物無法來到台灣，我想自己絕無勇氣繼續在北京生活；若非帶著牠們到日本準備返台，我也不會產生到東京讀書和參與當地動物權運動的念頭。我曾經以為，關於扣扣和卡卡的故事已有太多，我能很簡單地寫下牠們是如何參與我的生活、啟發我的生命。然而，直到現在，我才明白與貓相處的每個平凡的日子，是最難描述的，因為從早到晚，無論是被貓叫起床、放飯、陪伴吃飯和遊戲，在家做飯、吃飯，給貓剪指甲和鏟貓砂，再到夜裡的互相依偎和陪伴、貓咪在夜半時喉嚨發出表示幸福滿足的咕嚕咕嚕聲，我們的生活和生命走向緊密地嵌合，無法分割。從人生的大走向到具體而微的日常，都要為彼此的存在和需求而設想，這真是種甜蜜的負荷，令人甘願放下自由自在的生活方式和生命中的其他可能性。

從北京的夜晚開始，住在北京大學燕北園教職員宿舍的我們，享有每年十月最早來暖氣的特權（北京有三個地方的暖氣是來得最早的，分別是北京大學、清華大學及北京動物園）。即使屋內不是太冷，我在這裡先後收養的「異父異母」姊弟扣扣和卡卡，仍然在每天打打鬧鬧、到我的書堆上沉思之後，來到我的被窩一同入眠。

當工作或讀書累了的時候，我總是轉向牠們撒嬌。那些年之中，我經歷了初戀和第二段與同學的戀愛，然而，在那過程中我並沒有學會細膩、溫柔，甚至是責任與擔當。在許多人際關係中的不快、爭執或是情感受挫的時刻，貓咪時常以不同的形式帶來安慰。我驚訝地發現，扣扣和卡卡與曾在我家中途寄居的貓咪有著複雜的關係，其程度幾乎可說與人類社會無異。扣扣是一隻極富正義感的貓，在我暱稱「卡弟」的卡卡每次「受罪」——清理耳朵或是換藥——時，「扣姊」好幾次都站出來保護卡卡，或是拉人的褲管，或是咬人的手臂和小腿，好幾次令我們哭笑不得，甚至先抓牠來「處理」一番：梳毛、剪指甲，當然還有疼愛和獎勵。

在好多好多個夜晚，我總在睡前想著自己一定要帶著貓咪們回到台灣，這件事在當時堪比移民，令許多北京友人瞠目結舌。身為窮學生的我，每晚都立志要達成這項人生目標，其中的意義遠遠超過博士班畢業。如果讀完前面幾章關於中國的故事，或許讀者能對一個競爭壓力大、社會上普遍充斥著壓抑與不安的氛圍有所體會。除了這種生活中的困頓，在pm2.5、霧霾，以及朱令案、雷洋事件發生時，也給了我和同儕很大的影響和衝擊。雖然身為人類，但我們活得像烏龜，盡可能心如止水地輕輕呼吸、喜怒不形於色。

不僅不敢於室外活動，連在屋內也盡可能慢慢地行走、心平氣和地呼吸，為了延長一點壽命，更是因為即便仍很年輕的身體已經因為惡劣的環境而不適。我們當然也龜縮而謹慎地在社會上活著——誰知道下一個倒大楣的，會不會是自己呢？

有時，我和夥伴不時在意念上對體制做出種種反抗，當起了沉吟數十載，幻想來日將一鳴驚人、務必根除社會沉痾的知識分子；有的時候，我們甚至畏懼自己的行動會折損了理性的能量。青春時的種種想望、面對動物處境的憂慮不安，以及更多的社會正義和人權問題，難以為外人道，甚至不敢落之於紙筆，更遑論藉由網路抒發。這些時候，貓咪就是我最好的聽眾和朋友。無數的日子裡無盡的夜，我不必一言一語地向其訴說，扣扣和卡卡卻用牠們溫暖的存在鼓勵和安慰我。動物的苦，類比來看，就是人類的苦；將其放大，就是社會的苦，以及每個有情眾生都要承受的共業。

歷經一番波折，我們一同回到了台灣。我帶著貓咪搬回父母居住的老家，貓兒有了新的朋友、「爸爸」還有「媽媽」。從第一個在台灣度過的夜晚開始，牠們就不再黏我了，而是改去和我的母親一起睡覺。也許是我們仨不必再相濡以沫了吧！然而，在什麼樣的地方，就該怎麼樣生存；在怎麼樣的年紀，合情合理地擁有什麼樣的個性。這是牠們教會我的，也讓我終於可以坦然接受自己。霸王花、小辣椒性格的扣扣，大智若愚卻又有著分離焦慮的卡卡，在我所能供給的有限條件下幸福地過了一生。在本書寫作的過程中，卡卡因病離世，享年十四歲又三個月。我一方面急切地想完成書稿，特別是關於牠的部分，另一方面又心存僥倖地想：「卡卡一定能活到這本書問世。我又何必著急呢？」當卡弟癱瘓後，我在牠的小床旁鋪了地鋪，與牠一起睡了幾個月。當我寫完一章書稿，自然要與牠一起檢討。那時，我就讓牠的小腦袋抵著我的頭，一起來讀「姊姊的文章」。如同我們十四年來共同經歷的學習歷程，碩士、博士論文，還有無數的倡議文章和議題研究的寫作。

在這數年之間，我也曾因為受到博士生時期的導師性騷擾而煩惱。我名義上的導師是中國的學界大佬，說出這些行之有年的實情，在中國無異於斷送自己努力十載才取得學界門票的學術前途。然而，在卡卡送醫急診的那一刻，我不感到害怕了——我應該為自己、也為動物與其他人做些什麼。說出真相後的我，徹底從夢魘中解脫。誠實、無畏、善良，勇於創造自己的理想世界，享受每一個時刻並感到滿足，這些都是貓咪教我的事。在卡卡離世以後，我伴著牠的身體兩個日夜，晚上，我仍像往日那般握著牠的小手入睡，牠的眼睛半睜半閉地，與生前並無太大的區別。

經歷了愛貓的往生，我第一次理解死亡在某些時候不令人畏懼，因為人能有更大的嚮往。我想，對我而言，動物保護就是這樣的價值，它讓我的生命有了意義和目的，偶爾也能綻放出光彩。我想要傳達的就是自己與貓咪一同體認的這項事實。

如果我們願意深深注視動物的眼睛，牠將無言地訴說著自己這個生命的願望，即使身陷囹圄，生命未曾止息的意志也能傳達出來。動物的眼神就傳達了牠相較於人更為單純的渴望。

與我共同生活十幾年的貓咪扣扣（右）和卡卡（左），
是我最好的朋友。

1　可參考林憶珊，《狗媽媽的深夜習題：10 個她們與牠們的故事》，新北：無限出版，2014 年，以及臉書專頁「動物社會工作」：https://www.facebook.com/animalswtw。

2　〈“鳥王”劉武一審獲刑13年　捕獲獵殺萬餘野生動物〉，2015年11月3日，http://gongyi.cnr.cn/news/20151103/t20151103_520375338.shtml。關於黃先銀的故事，我則以筆名陸序寫過報導〈鄱陽湖的天鵝挽歌〉，《兩岸犇報》，2012年10月1日，http://ben.chinatide.net/?p=522。

# 致謝

在自己所選擇的人生志業中，每一步都充滿了挑戰。為弱勢的動物發聲，永遠是一個看不到盡頭、一路上環繞著挫敗感的事。許多時候，我都想放棄這樣的理想，想像著如果沒有這些「動物的事」，人生或許也有另一番色彩。然而，在這十多年的歷程中，我和許多夥伴共同的經歷，令我無法捨棄這樣的志向和共同的前景。

首先，是我的「芬蘭姊姊」薩拉．圖奧米瓦拉。我們認識的時候，我正經歷著最深的挫折和低谷。「我已經不做了，這樣的話，妳還是要和我見面嗎？」我如此寫信給她。然而，她並沒有放棄我。在往後的十多年中，薩拉以所有她能做的方式支持我的各種活動，與傳奇的調查攝影師克里斯托．穆里馬、紀錄片導演奧拉．瓦根等人，成為我長期的朋友、信念的支柱。

在各國動保人家中寄住，短則一日，長則一兩星期，我驚訝地發現許多夥伴的床頭書包括社會學理論、哲學，以及豐富的藝術類書籍。當我接觸到更多他們的價值觀，能感受到不同的社會運動之間互相支持的氛圍。第一次到訪英國時，二十歲出頭的我戰戰兢兢地住在行動亞洲理事長布萊恩．考伊（Brian Cowie）家裡。他的家是倫敦平凡的一棟四層樓建築。對我而言，這個一百多年的磚造房子、半腐朽的木頭階梯都夠老了。布萊恩總是將房間以低廉的價格出租給來自第三世界國家的男同志，他們非常溫柔，但是一開口就問我：「妳想在英國工作嗎？」令我錯愕不已。一個全球化時代下的勞工、資本和思想流動的現實，於此才在我的生命中真實展開。據說每天黃昏時，若將房中的燈關掉，就能見到大小狐狸走在小院子的圍牆上。我每日靜靜地期待著，但一直未曾見到。

在準備帶著貓咪從北京經東京回台的過程中，妮古拉·李奇登斯坦（Nicola Lichtenstein，大家都叫她 Nikki）不單盡可能地協助我們，也給了我勇氣。由於中國航空托運人員粗魯的運輸方式以及法規制度的缺位，讓我非常擔心動物在運輸過程中會像許多既有案例那般遭遇不測。在裝了扣扣和卡卡的航空箱外，我貼上了寫著「運輸大哥好，我們是弱小無助小貓咪，希望平安去到新家，請輕輕搬運」字樣的紙條。抵達日本後，透過在動物權利中心的實習機會，我結識了多位令人敬佩的忘年之交。除了岡田千尋執行長等人，還有暱稱為永喵桑（にゃがさん）的奧瀨永子、米澤玖來乃、多米尼克和由香美因茨夫婦（Dominik & Yuka Mainz）、約翰·布魯克斯（John Brooks）、カバリヤー上原まほ、光延晶子、坂元香織、藤澤顯卯，以及翻譯家井上太一。人們說：「從事哪類物種的保護，就會長得愈來愈像牠。」這種觀點相近於「擬態」（mimicry）。就像養狗的人和狗會從長相、表情、形態到活動方式都愈來愈像。近年來，我們身邊專注於各類動物議題、物種保育的夥伴愈來愈多，形形色色的活動和行動者的面貌令人目不暇給。

在東京和鎌倉等地，我曾在夜晚借宿於朋友家時遇到浣熊來訪。渾圓的、胖嘟嘟的身體，時而到民居院子吃貓糧，模樣甚是可愛。遺憾的是，浣熊被當作寵物引入日本，卻又被飼主無情拋棄，如今是日本政府欲「移除」的外來物種。在神奈川縣防止虐待動物協會的收容所中，我曾見到被政府特別許可收容的浣熊，牠用後腿站起來，冰冰的柔軟小手搭上我的牛仔褲褲管，再碰到我的手掌。能有這些與動物的美妙邂逅，必須感謝日本朋友們對我的無限包容和信任，以及不厭其煩地教導我日語的黑谷丈夫老師。至於幕後最大的推手，則是與我亦師亦友的蘇佩芬老師。

佩芬老師出生於台灣，是關懷生命協會的早期員工，在遠赴歐美進行周遊世界的動保之旅後，長期定居英國。她家的廚房是行動亞洲的辦公室，她的先生羅斯・戴爾（Ross Dyer）曾說：「世界各地的動物福利專家都在我家開會，而我的任務是餵貓。」自從在北京認識行動亞洲的前員工沈成後，我與這個跨國非政府組織的緣分就不曾中斷。在我的精神世界中，它是我動物保護志業的燈塔。

支持我繼續從事動物倡議最重要的夥伴，就是身在北京的師友。在本書中，那位在黑暗中看著貓狗屠宰影片並默默拭淚的，是北京清華大學的蔣勁松老師。他與何冰老師伉儷，至今仍經常帶給我無限的鼓勵和信心。當我試圖將貓咪從北京帶回台灣，惶惶不可終日時，蔣老師握起拳頭向我喊道：「一定會成功！一定會成功！」讓人難忘。同時在學界和動保界的前輩還有祖述憲老師、山東大學的郭鵬老師、野生動物攝影師于鳳琴老師、慷慨應允我在終章使用她的著作《那些刻在我們心上的爪印》意象的張丹老師，以及中央社會主義學院的莽萍教授，他們對我這個無知又莽撞的後輩既有指教，又有關愛。許多時候，我們一同哭，一同笑，在微信上彼此鼓勵。這些中國的知識分子／行動者，是我一生的榜樣。

北京大學的李道新教授收我為其電影史門下的學生，是我人生的轉捩點之一。李老師曾說過，他讀到了一篇叫〈撐一把傘給蚯蚓〉的文章，馬上想到了我。或許，我的一點特立獨行的氣質，曾在校園裡留下了些浮光掠影。關於燕園、清華園，以及我熟悉的圓明園與頤和園的往事，常在我的夢海中翩翩浮現。有幸在「帝都」的海澱區生活十載，往事種種都令它成為我魂牽夢縈的第二故鄉。我衷心祝願神州大地的所有動物與人，都能夠得到最大的幸福。

為扣扣和卡卡看病醫治的張擁軍醫師、經常幫我照顧貓咪的孔麗麗、劉蕊和劉曉宇，與我的生活和所思交流密切。同樣重要的，還有書中寫到的匙亞、唐晶，以及刁鯤鵬，北大和清華兩校各自的素食文化協會的成員劉年凱、呂湘洋、一行師父、一空師父、張軒和歐陽惠雨等眾多同學。我的踟躕與脆弱，沒有人比他們更懂了。

我也感謝那些曾經不理解我和傷害過我的人。經歷那些挫折，才令我終於找到自己得以存在和前進的方式。這些逆增上緣對我的幫助，絕不比貴人來得少。謝謝他們一次又一次地讓我憑自己的力量重獲新生。

台灣動物社會研究會的朱增宏老師是我自大學時期以來的啟蒙老師，他和李鑑慧老師為本書所作的推薦序，鼓勵了我對寫下的這些故事的信心。朱老師和陳玉敏、林岱瑾以及研究會夥伴，看著我一路的成長和變化，而這是由華梵大學的同學王淑亭招攬我加入「動物與社會讀書會」所牽起的機緣。謝謝我的大學同學、插畫家施暖暖（施佩吟）在這幾年中和我一同合作動保兒童繪本《小狐狸的媽媽；媽媽的小狐狸》，讓動物倡議能延伸到兒童的成長過程。謝謝我的高中同學翁萱容，為我在北京安置了租處，我從此體驗了十年之久的精彩生命，也有幸與她各自走在充滿信念的人生路上。近年來，我在台灣的夥伴林雨潔、林憶珊、東琯忻、張家珮、萬宸禎、林婷憶、汪劭純、羅嵐、洪延平、陳庭毓和吳詩韻，以及王惠雯、冀劍制與洪芳怡老師，曾經聽我談起這些故事，或是作為各別章節最早的讀者。其中，延平和「中國動物園觀察」、車向原、章軻和任冉，更是為本書提供了許多照片及影像處理的建議。有句話說：「快樂的祕密在於自由，自由的祕密在於勇氣。」這些夥伴選擇了一條充滿挑戰、同時富有意義的道路。我相信這些為弱勢者爭取自由的生命鬥士，應該是一群最快樂的人。

在本書寫作的過程中，我經常懷疑這些經歷的價值與意義，更對自己的表達能力缺乏信心。我的父親龍紹瑞、母親謝珠珍，以及貓咪麥子、金寶美蘿、扣扣和卡卡，一如既往地給予支持。最後，感謝邀請我寫下這些故事的李進文老師，以及在這兩年陪伴和鼓勵我的編輯林蔚儒和設計師江孟達，致力於寫作台灣動物歷史的鄭麗榕老師為我們牽起了緣分。這本書的問世，最大的功勞應歸於他們對我的肯定。透過這些書寫，我從幾近遺忘的故事中體驗到深刻的感受，有了勇氣去挖掘過往幽微的心境轉折，往事之於我，竟也重新變得生動，展露了我與夥伴們青澀的歲月裡不時徬徨卻充滿理想的臉孔。

能夠身處於這樣一個價值觀正在變化、各類弱勢群體的權益逐漸受到重視的時代，我是無比幸運的。但如果重來一次，我是否又願意再次體驗這時而艱辛、時而歡欣的經驗呢？我想，若能與這些不同形式的生命再次相遇，這條路就仍然是我無悔的選擇。

附錄

# 動物保護議題筆記

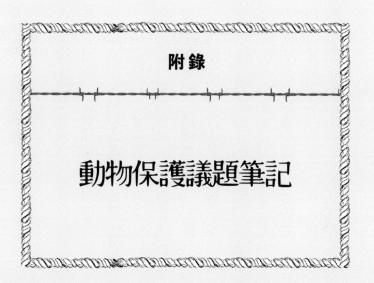

## 筆記❶　實驗動物

動物實驗一直是公眾較難直接討論的動物議題，原因包括實驗背後隱含的科學專業性令人卻步、在哲學和科學方面的社會爭議較大，以及相較於流浪動物、展演動物等公眾在生活中可以親眼見到的議題，實驗動物的處境較難直接觀察等。

紀錄短片《實驗對象》（*Test Subjects*）訪問了三名曾經在博士研究階段進行動物實驗的科學家，他們指出數個動物實驗議題的重要討論面向，包括：動物實驗的結果無法應用在人醫科學、體制僵化缺乏對動物實驗的必要性的反省、進行實驗對實驗人員造成的心理陰影等。在許多民眾的觀念中，產品或藥品經過動物實驗似乎就證明了其療效和安全性，這卻是犯了「錯誤類比」的謬誤。其實，在某種物種（如動物實驗最常用的小白鼠）身上得出的結論，未必能應用在人體，因為人和老鼠畢竟在生理上相差甚遠。發表於頂尖期刊的動物實驗基礎研究，有百分之九十無法在二十年內轉譯為臨床應用；在動物實驗階段成功的新藥，則有百分之九十五進入臨床階段時失敗。[1] 從哲學上來看，動物實驗錯誤地假設了人和動物的相似性，卻未將動物視作需要合乎倫理地對待的道德對象——在科學上錯誤的類比，在倫理觀念上卻完全不予考慮，這種標準的懸殊差異，顯示了「物種歧視」的意識形態在社會上仍根深柢固。

許多產品在上市前的動物實驗，是毫無必要、無意義且殘忍的。包括台灣在內，世界上已有超過四十一個國家和十八個州，立法禁止化妝品的動物實驗，但是有許多國家仍在進行這些化妝品在開發階段和上市前的動物實驗。現行的社會運作模式，正如同此例一般，許多方面都建立在對動物的剝削和不公之上，而不同層面的社會議題又有著相似的結構，彼此乃是共同建構的關係。因此，對動物議題的反省就像上述對人的福利問題的反思一般，關係著我們對大自然的態度，對世界、生命和價值觀的思考。

台灣民眾熟悉的健康食品「小綠人標章」長期為動保團體所詬病，原因正在於對動物殘酷、在科學實驗方法上落伍的動物實驗。二〇二一年，衛福部食藥署公告修正「健康食品之抗疲勞功能評估方法」，將名稱修正為「健康食品之抗疲勞保健功效評估方法」，刪除所有殘酷的動物試驗。在過去，由於廠商可自行選擇進行人體實驗或動物實驗，因此許多的廠商選擇了成本較低廉的動物實驗。根據台灣動物社會研究會的說明，「健康食品之抗疲勞功能評估方法」最為人詬病的試驗項目，就是殘忍的游泳測試及跑步機測試。

在游泳測試中，每組八隻的實驗鼠逐一被放入踩不到底的水缸中，強迫其「游泳掙扎，直到體力消耗殆盡下沉溺死為止」，甚至為了縮短試驗時間，研究人員還會在鼠背部綁上鉛絲加重其負擔。跑步機測試則是將大鼠置於末端釋放電擊的跑步機上，「用逐漸增加速度與坡度的方法直致力竭」，使得大鼠「落入電擊區，而經多次電擊仍無法起身往前跑即判定已經力竭」。[2]

這些實驗帶給大量動物難以想像的痛苦，而且許多被繁殖出來的實驗用動物，實際上並沒有真正進入實驗程序，就被視作多餘物資「銷毀」。一個名為「動物慈善評估者」（Animal Charity Evaluators）的組織發現，在美國，實驗動物每年受害的數量僅次於農場動物，但這些動物的苦難卻沒有得到比同伴動物更多的關注。實驗用的小鼠、大鼠，在美國不被列入「動物」計算，因此人們甚至無法知道其真正的數量。

新冠肺炎流行期間，絕大多數疫苗的開發也經歷了動物實驗的程序。但可喜的是，包括莫德納（Moderna）等三種疫苗在內，都略過了許多過往必經的動物實驗程序。在過去，也許人們透過動物實驗確實取得了一些知識積累，然而，這背後卻是動物與人共同付出巨大的代價，包括由於曠日費時的動物實驗，而令可能更有意義的人體實驗或其他替代方案滯後延遲。這樣的「傷害」和「利益」是符合比例的嗎？即使從效益主義的觀點出發，也很難得出一個令人滿意的結論。從動物權利的角度而言，任何一個動物個體，都不應該為了所謂群體的、社會的利益而被犧牲。

至今為止，反對動物實驗的社會倡議，在一些國家已有百年以上的歷史了。更多的國家政府已在反省動物實驗，並研發替代動物實驗的科研方案。荷蘭制定了在二〇二五年廢除活體動物實驗的目標，乃是由經濟部領頭的國家政策。人們將會發現，對動物實驗的反省，不僅是道德和倫理層面的問題，也是科學方法論的問題。逐漸淘汰過時的、不合理的動物實驗，才是對科學、醫學的發展有所助益的方式。

一九六〇年代起，動物實驗的「3R原則」逐漸廣為人知。其包括①盡可能選擇替代動物實驗的方法（Replacement，替代）；②所用的動物數量盡可能減少（Reduction，減量）；③優化實驗以降低動物痛苦（Refinement，優化，或稱精緻化），三個字首皆為R，因此簡稱「3R」。近年來則有人提出第四個「R」，即負責任的實驗態度（Responsibility，責任），此外，也有僅主張「1R」的倡議團體，指出唯有「替代」一途，才能真正處理上述種種動物實驗存在的問題。

現行的替代動物實驗方案包括器官晶片、微量用藥等。「器官晶片」是把多種細胞養在一個晶片上，用物理的方式模擬生物物理的部分，比如「肺晶片」可以像呼吸一般擴張收縮，多種肺的細胞養在一起，也比傳統單種細胞或是二維的細胞更有生物生理方面的模擬性；「微量用藥」是採用比治療藥量還要小百倍千倍的藥量，因此不會造成安全性的問題，可以用來觀察藥物動力學，有人稱之為「臨床零期」，也就是介於動物實驗和真正的臨床一期之間的實驗方式。

在教學領域，活體動物實驗的替代方法更為成熟。每年，全世界用於教學用動物實驗的動物數量約在一千萬至一千五百萬隻，涉及的動物實驗主要為驗證性實驗和操作性實驗訓練。[3]這些實驗訓練的目的，很大程度上可以透過影片教學、模型練習、虛擬實境技術等多種方法替代。而且，教學的目標主要在於培養具人道主義精神的人才。所以，該領域的發展勢在必行，得到了許多國家和高等院校的認可。

## 筆記❷　農場動物

每年全世界有六百億至七百億隻陸生動物因肉品市場的需求而遭到屠宰。這個數字是全球人口總數的十倍。如果我們再加上難以計數的水生動物，甚至是因為現行的漁獵方式而死亡——比如那些被漁網纏繞而窒息死亡的海豚、海龜和魚——但沒有被送上餐桌的動物數量，這個數字就更驚人了。「真正的恐怖在於：不僅兇手們拒絕設身處地地為受害者著想，別的人也一樣。」柯慈在《動物的生命》裡這樣寫道。[4]

除了被人吃掉的以及浪費掉的肉以外，無論是台灣或西方國家，犬貓食品的原料都是大量的畜產肉品。動物慈善評估者指出，美國捐助給動保機構的善款有九成以上被用於救助同伴動物，而僅有百分之〇．八用於幫助農場動物。但與此同時，如果我們關注每年被屠殺的動物數量，將發現農場動物竟佔了百分之九十九．六。[5]這兩組數據呈現的現象是，農場動物的數目非常龐大，受到的重視卻與此不相稱；而同伴動物的數目相較之下並不特別高，卻得到許多社會資源。

有些人可能覺得，同伴動物和人的相處機會更多，且對人的情感生活發揮了重要的作用，如果連同伴動物都不關心，那麼還有可能去幫助其他動物嗎？這固然是一種觀點，但是從動物倫理學的角度來說，卻不一定會輕易得出這樣的結論。我們以效益主義為例，農場動物的數目眾多，如果將每一隻動物都視作一個單位，那麼，牠們的利益必然是重要的，我們不應該因為牠們看似「離我們的生活更遠」就不予重視。

雖然農場動物多半已是人們長期馴養的動物，但是現行的集約式、工廠化的養殖方式，卻極力縮減了動物的活動空間和資源。在商業追求最大利潤的前提下，三、四隻母雞被關進只有Ａ４底面積大小的「格子籠」，沒有產蛋能力的小公雞在一日齡時，就被攪成肉泥以「銷毀」；乳牛被迫不斷懷孕、生下小牛，卻無法親自餵養，而是讓牛乳被人類商品化利用，牛媽媽因此流失鈣質，僅四歲齡時就要面臨被「淘汰」的命運。

從動物的數量來看，台灣人每年吃掉三億多隻雞，食用量最大的肉品則是豬肉。學者錢永祥指出：「根據農委會的報告，二〇一五年的時候，台灣每年要殺八百多萬隻豬，要殺三萬多隻牛，要殺七萬多隻羊，那台灣要殺多少隻雞，我們要殺三億二千萬隻雞，這換言之就是，我們台灣有二千三百萬人口，一年造成的屠宰量，接近四億隻生命。」[6]低廉肉品的代價，除了動物福利的不足，還有環境污染，以及消費者的健康疑慮。不能忽視的問題還包括肉品在文化中的象徵性——象徵著富足、飽食感，甚至是健康。因此，美國心理學家、動物倡議者梅樂妮·喬伊（Melaney Joy）指出，我們其實正生活在一種不自覺的「肉食文化」裡。

如今，愈來愈多非政府組織和營養學機構指出，動物性食物對人的健康而言，不僅非必要，甚至不如許多植物性食物提供充分而多元的營養。而且，由於在動物身上施打了抗生素，動物肉增加了人體的抗藥性風險。世界各地的廠商推出了多種「植物肉」作為肉食的替代性產品，在確保有如漢堡肉、豬絞肉口感的同時，用對人體更為健康的食材來製作。另一方面，畜牧業卻也仍在大規模發展，南美洲等地的原始森林被開發，以用作種植動物飼料的大豆耕地；食用這些飼料的牛因其消化方式而在大氣中釋放的甲烷，對溫室效應的影響是二氧化碳的二十八至三十六倍。凡此種種，都從不同側面證明了，現行的食品生產方式對地球和人類而言是非永續的。因此，保育團體也提出了「少吃肉，利益全球」的口號。

可喜的是，上述農場動物的處境正在變化，愈來愈多國家和企業選擇改變政策。以歐盟為例，二〇一二年起全面禁止以格子籠的方式飼養蛋雞；在台灣還普遍使用的「母豬狹欄」這樣的設施，在先進國家同樣已陸續被禁止使用。在企業層面，瑞典知名的家具公司宜家家居（IKEA）在台灣率先提出全面使用非籠飼雞蛋的食物政策，推出一系列植物肉等植物性食材供消費者選擇。而且，宜家家居正如哈佛大學、耶魯大學等美國知名學府那般，有計畫地提高植物性飲食的比例。

也許有不少人會認為，吃肉還是吃植物是個人的選擇問題，又或者，改變整個社會的飲食結構是動物權利論者過於理想的烏托邦，但是我們不妨看看下面兩個例子。

第一個是貓狗肉。在一些東亞地區，貓狗肉仍是常見的食物，但是包括台灣在內的全球多個地區，食用貓狗肉卻是違法行為。這樣看來，對待動物的方式是否違法，究竟是取決於一件事情的對錯，還是大多數人的文化共識呢？這個問題也許沒有唯一正確的答案，但是我們卻可以由此設想，或許有一天，當我們關於動物倫理的立場取得了最大化的社會共識後，食用動物肉也會是一種違法行為。

另一個例子，是關於皮草的議題。人們為了取得貂、狐和貉的毛皮，造成每年數千萬隻動物死亡。皮草產業雖然在部分地區仍然盛行，卻有愈來愈多人認為是不可接受的。這不僅是出於道德考量，也是因為皮草的加工過程對環境帶來了嚴重的危害，何況市售的皮草製品多半會殘留重金屬和致癌物質。在新冠肺炎疫情爆發時，由於養殖場中的水貂會感染新冠病毒，且病毒會在水貂身上變異、進而傳染給人類，對公共衛生構成重大威脅，因此已有愈來愈多國家禁止或限制皮草動物的養殖。

如果動物皮草有一天成為歷史，人們不再使用也不能再生產、交易皮毛製品，那麼，動物肉是否也可以迎來這樣的一天？

## 筆記❸　野生動物

當人們談到「動物保護」時，指的是哪些動物呢？是你我身邊的同伴動物，還是餐桌上常見的各種肉品來源的動物，或是街上的流浪動物，又或者是山林間的野生動物？

生活在自然界的野生動物看似離人們的日常生活遙遠，但其實與動物肉消費密切相關。根據看守世界研究中心（Worldwatch Institute）的調查，全球百分之七十的農業用地被用來飼養農場動物，且有另外百分之十的土地被用來生產農場動物所需的飼料作物。[7] 環境權也是動物權的一部分，動物的生活與牠所在的環境是緊緊連結在一起的，如果原始的自然棲地受到破壞，那麼動物必然受到很大的影響。

儘管許多加工食品都會使用棕櫚油，卻有愈來愈多食品公司不使用，這是由於東南亞大片的原始森林，如今因為廉價、用途又廣的棕櫚油生產而消逝，大片的野生動物原始棲地遭到破壞，甚至直接被焚燒。以森林為家的紅毛猩猩每年被燒死、燒傷的新聞屢見不鮮，許多動物因為棕櫚油產業而失去家園，連物種都受到威脅。因此人們逐漸關注起這種消費主義，以及全球資本市場的運作下，動物及其原始棲地受到破壞的問題。人們對於棕櫚油的來源和使用愈來愈警惕，也開始出現認證「環境友善的棕櫚油」的機構。

近年來，台灣土地上的「外來種」（福壽螺、綠鬣蜥、埃及聖䴉等）爭議逐漸躍入公眾視野，一時之間彷彿成了全民公敵。然而，這些動物為何出現在台灣？福壽螺早期被視作新興經濟動物而被引入台灣養殖，而後卻被拋棄至野外，影響本地生態與農作環境。綠鬣蜥被視作「異寵」（特殊寵物）引入台灣，卻有不少個體被不負責任地棄養，又或是逃逸至野外，加上繁殖力強，成為台灣南部不受歡迎的「外來種」。埃及聖䴉乃是由動物園業者引入，卻意外逃逸至野外並且繁殖數千隻以上。政府往往鼓勵民間狩獵，「移除」包含綠鬣蜥和埃及聖䴉在內的物種。面對這樣的現象，我們從動物保護的角度又該如何思考？外來物種有沒有動物權利？我們需要考慮牠們的動物福利嗎？應該保護牠們嗎？

保育（conservation）是當今社會上許多人重視的價值。保育行為指的可能是對特定物種的保育，有時也指對一個生態環境的維護。無論是何種實踐方式，「保育」一般所持有的是一種「整體論」（holism）式的思考，關注的是一個物種群體或一個環境下的穩定生態，這與動物保護、動物福利科學，以及動物權利論所關注的「個體」（individual）動物是不同的。近年許多台灣的保育團體與動保團體針對某些問題產生了矛盾，如流浪犬咬傷或咬死野生動物，以及台灣獼猴在保育級別上被「降級」等。前者的爭議主要在於是否應該餵養流浪犬貓、讓犬貓在野外生活會不會導致野生動物的傷亡；後者的爭議則在於台灣獼猴的數量增加，卻與人類活動（如農作、山地開發和休閒活動）區域重疊，產生一連串人猴衝突，面對人與台灣獼猴應如何共存的問題，保育團體和動物團體抱持著不同的意見。

所謂的動物保護，多半不是指物種保育或生態環境的維護，而是在乎一個個「個別」的動物處境，然而，我們仍然可以歸納出保育和動保的異同。保育和動物保護，都反對人類中心主義。在實踐上，如果我們將動物的原生棲地、生態環境維護好了，在當中生活的動物不也免於人類活動的侵擾，得到了保護？同樣地，如果我們在意環境中每個動物的主體性，不隨意去傷害和干擾牠們，那麼，大自然的生態平衡便得以發揮一定的作用，或許也能達到保育工作的目標。以石虎為例，主要活動在台灣中西部山區的石虎，由於公路開發、人居環境擴大等現象，使其被路殺的新聞屢見不鮮。對石虎的保護活動，同時就有著物種和其原棲地的保育，以及動物保護的精神。所以保育與動物保護雖然關注的面向有所不同，但其實在價值觀和實踐的效果中，有許多一致的地方。

廣受人們關注的野生動物議題，還包括「旗艦物種」的保育。然而，從動物保護或動物倫理學的角度來看，這卻可能存在爭議。「旗艦物種」指的是一些廣受人們歡迎、對人群具有號召力的物種，如大熊貓、老虎、大象等動物，許多機構將牠們作為保育文化的符號，試圖以此吸引人們對其物種、生態環境，甚至其他物種保育活動的支持。以大熊貓為例，現行保育方式分為「域內保育」（in-situ conservation）和「域外保育」（ex-situ conservation）兩種。前者指的是在其原始棲地內的保育活動，具體作法是將整個生態環境保護起來，盡可能降低人類活動的干擾。而後者指的是將大熊貓飼養於人工圈養環境，讓其個體生存、繁殖。依照保育的精神，「域外保育」僅應作為「域內保育」無法發揮作用時的備案。然而，在大熊貓保育的諸多實踐上，我們卻會發現許多動物個體被圈養起來，終其一生只能生活在與原棲地極為不同的狹小空間，而且後代能返回大自然的機率可謂微乎其微。以在台灣的大熊貓為例，動物園每年花費數千萬元照顧牠們，這樣的作法是為了保育嗎？又稱得上是動物保護嗎？

野生動物究竟需不需要人類的積極「保護」？保育與動物保護，在許多具體議題上又有什麼共通點或衝突？這些都是很值得思考的問題。

## 筆記❹ 展演動物

二〇〇八年，當台北市立木柵動物園和六福村野生動物園都在爭取大熊貓入住時，台灣的保育團體和動保團體聯名反對大熊貓來台。民間團體指出，大熊貓來台無助於該物種整體的保育，而且既有的大熊貓研究已有許多，無須特地將牠們送到台灣進行研究。進一步來說，大熊貓在台的花費相當高，動物園本身已有許多動物缺乏充足的資源、空間，大熊貓和其他保育類動物所得到的資源懸殊、不合比例原則——與此相關的爭議還有許多，折射出大熊貓身上的政治、經濟和文化符碼，以及其在全球、兩岸及台灣社會的象徵性。

現代動物園往往聲稱其具有四大功能：娛樂、保育、科學研究以及教育。「娛樂」明顯是為了滿足人的利益；「保育」則如上所述，應該是在動物原本的棲地進行，動物園能發揮的保育功能是很有限的；「科學研究」大多是為了滿足人的求知欲，甚至是為當代知識生產的體系服務——動物園的生活環境和動物原棲地差異極大，許多動物無法真正展現其自然天性，甚至有一系列身心疾病和刻板行為的問題，因此，針對園中動物的研究是否有益於該物種在自然環境中的保護或保育活動，是令人存疑的；最後，我們要來檢視一下，動物園是否能發揮正面的「教育」功能？

台灣動物社會研究會於二〇一四年針對國內民眾在動物園的遊覽情況進行調查，發現每位入園遊客平均駐足在動物籠舍前二十至三十秒，相當短暫。其實，當代動物園多半追求物種種數多、同一物種的數量少，這種讓遊客盡可能在觀賞性上得到滿足的展出形式，被稱作是「集郵式」的動物展演。動保團體批評道，這種動物園展示多半只是為了服務人，而不是為了動物的利益。人們真正能在動物園學到的知識和保護動物的精神，都是有限且甚至可能是扭曲的。

更糟糕的是，不在少數的動物園——包括私人的小型動物園、休閒農場等——打著環境教育的名號進行動物表演活動，以賺取更多的收益。這些動物表演多半強迫動物在遊客面前做出不自然的行為，如跳火圈、溜滑梯等，很容易對動物產生緊迫。

《黑鯨》（*Black Fish*，二〇一三年）是一部關於展演動物的紀錄片，講述的是美國主題樂園海洋世界（Sea World）裡的虎鯨提利康（Tilikum）的故事。提利康是一隻自野外捕捉而來的虎鯨，被迫和家族分離後賣給了海洋世界，在被圈養於狹小水池的漫長歲月中經歷了其他虎鯨的霸凌，身上經常傷痕累累，鮮血直流的畫面，都被攝影機記錄了下來。除了展示和訓練以外，提利康每天有長達數小時的時間被單獨關在僅比身軀再大一些的地方。生活在這種不自然的環境和社會關係下，令牠產生了許多身心異常的問題，幾年下來，導致了數人死亡的悲劇，死者包括牠的訓練師，以及對野生動物缺乏認識的遊客——在進入水池後被提利康殺死。在野外，野生動物多半在極為恐懼、害怕或出於自我防衛的情況下，才會攻擊人類，但是，圈養下的動物經常有著不同程度的身心疾病，在動物福利不佳又與人有著不自然的互動時，人和動物的衝突就可能會發生。

提利康漫長、孤獨的一生，體現了牠與數名死者共同經歷的悲劇。此外，紀錄片展示了海洋公園為了掩飾其忽視人類員工福利、損害動物福利的應有責任，不惜編造不實言論、聘用律師以維護其透過動物展演得來的經濟利益。過往的動物訓練師在紀錄片現身說法，指出在這樣的體制下，工作人員置身於危險之中，非但人身安全沒有保障，更是在不捨動物的愧疚情感下持續工作。《黑鯨》引發了北美社會廣大的迴響，觀眾理解了動物展演傷害的不僅是動物，也包括人。更嚴重的是，大多數觀看表演的民眾對此並不知情，在不知不覺間接受了一套關於動物的錯誤訊息。但可喜的是，紐約州和加州在紀錄片推出後立法禁止虎鯨圈養，加州還明令海洋世界不得再繁殖虎鯨後代，也不能捕捉新的野生虎鯨。二〇一六年，隨著提利康的病重和逝世，海洋世界宣布將停止虎鯨表演。加拿大也於二〇一九年立法禁止鯨豚展演，而法國早在二〇一七年就立法禁止圈養鯨豚和虎鯨等動物，二〇二一年更宣布將在兩年內終止馬戲團的野生動物表演。

反觀台灣，二〇二一年南部某私立動物園計劃從非洲史瓦帝尼購入十八頭長頸鹿的新聞，引起社會關注。台灣的動物園圈養環境，是否能滿足原來生活在非洲廣大草原的長頸鹿呢？台灣社會飼養長頸鹿是為了保育，還是只為了吸引更多遊客付錢買票、增加觀光收益？動保團體親自到該動物園進行調查，發現在過去數年間就有多頭未成年的長頸鹿意外死亡，因此質疑動物園缺乏照料該物種的醫療能力。民間團體指出，這次動物交易背後，是非洲混亂的野生動物貿易，更可能涉及不法活動。

在動保團體和民眾聲援的社會討論之後，該動物園決定不進口長頸鹿及其他非洲野生動物。這樣的倡議結果，是站在動物保護及保育立場的人士所樂見的。然而，台灣還有許多發生在動物園、休閒農場以及動物咖啡廳等場所的動物展演活動，令許多動物飽受身心折磨、動物福利未能得到滿足，我們甚至沒有熟悉這些場館所展示的海豹、企鵝等物種的專家，能為牠們的醫療和生活需求提供幫助。因此動保團體呼籲，如果社會沒有準備好照料特定物種的充沛資源和能力，就不應該引入、飼養牠們。

動物保護的議題往往是環環相扣的。當政府花費鉅額聘用獵人殺死野外的埃及聖䴉時，在為數不少的台灣動物園裡仍可見到牠們被展示。業者難以保證圈養的野生動物不再逃逸——實際上，每年都有動物從動物園脫逃，動物展演不僅是動物倫理的問題，也是生態、環境、政府資源分配與法規制定的問題。

1 PETA, *The Research Modernization Deal*, Updated October 2020. Accessed August 30, 2022. https://www.peta.org/wp-content/uploads/2020/12/PETA-2021-Research-Modernization-Deal.pdf

2 引文出自台灣動物社會研究會，〈老鼠終於不必再荒謬游泳、跑步到死！本會推動食藥署正式公告修正「健康食品之抗疲勞功能評估方法」〉，2021 年 4 月 16 日。https://www.east.org.tw/action/8509

3 程樹軍，〈動物實驗替代技術研究進展〉[J]，《科技導報》，35 卷 24 期，2017 年，第 40–47 頁；賈小東，〈動物學實驗教學中的思考與探索〉[J]，《安徽農學通報》，24 卷 19 期，2018 年，第 134–135 頁。

4 庫切著，朱子儀譯，《動物的生命》，北京：北京十月文藝出版社，2006 年，第 40 頁。庫切（J. M. Coetzee，台譯柯慈）在該書中，將屠宰場比作集中營，更批判常人一旦思考的對象是「非人」動物時，通常會斷絕內心的溝通，令同情的機制無法運作。

5 https://animalcharityevaluators.org/donation-advice/why-farmed-animals/

6 〈台灣 4 億屠宰量 學者籲檢討吃肉文化〉，「Yahoo 奇摩新聞」，2017年9月8日。https://reurl.cc/jG1oKZ

7 伍冠瑋，〈畜牧業搶走全球人類的糧食，還讓地球發燒了〉，2019年7月26日。https://ubrand.udn.com/ubrand/story/12116/3952628

# 尋找動物烏托邦
## 跨越國界的動保前線紀實

作　　者——龍緣之
責任編輯——林蔚儒
美術設計——江孟達

社　　長——郭重興
發行人兼出版總監——曾大福
出　　版——這邊出版／遠足文化事業股份有限公司
發　　行——遠足文化事業股份有限公司
地　　址——231 新北市新店區民權路 108-2 號 9 樓
電　　話——（02）2218-1417
傳　　真——（02）2218-8057
郵撥帳號——19504465
客服專線——0800-221-029
客服信箱——service@bookrep.com.tw
網　　址——http://www.bookrep.com.tw
臉書專頁——http://www.facebook.com/zhebianbooks
法律顧問——華洋法律事務所　蘇文生律師
印　　製——呈靖彩藝有限公司
定　　價——新台幣 460 元
I S B N——978-626-960-037-3（平裝）
978-626-960-039-7（PDF）
978-626-960-038-0（EPUB）

初版一刷　　2022 年 10 月
Printed in Taiwan

國家圖書館出版品預行編目（CIP）資料

尋找動物烏托邦：
跨越國界的動保前線紀實／龍緣之著．
-- 初版．-- 新北市：這邊出版：
遠足文化事業股份有限公司發行，
2022.10
296面；14.8*21公分
ISBN 978-626-96003-7-3（平裝）
1.CST: 動物保育
548.38　　111014529